BERTRAND DU GUESCLIN

CONNÉTABLE DE FRANCE

1320 - 1380

C. PAILLART

IMPRIMEUR-ÉDITEUR

ABBEVILLE

BERTRAND DU GUESCLIN

Connétable de France

1320-1380

Pierre **LEMOYNE**

BERTRAND
DU GUESCLIN

CONNÉTABLE DE FRANCE

1320-1380

ABBEVILLE

C. PAILLART, IMPRIMEUR-ÉDITEUR

1899

AVANT-PROPOS

En présentant au public des écoles cette vie du grand capitaine qui s'appela Du Guesclin, *nous ne dissimulerons pas que c'est moins une contribution nouvelle que nous avons cherché à ajouter à l'histoire, qu'une leçon morale que nous avons voulu donner à la jeunesse catholique, en lui mettant sous les yeux le modèle du plus pur patriotisme, du dévouement le plus absolu et de la plus véritable vaillance.*

En nos jours troublés, il n'est pas nécessaire d'être très clairvoyant pour s'apercevoir que la patrie française, mutilée par la guerre allemande, privée d'un gouvernement stable, manquant d'unité de direction dans sa politique intérieure, traverse une heure de crise et attend l'homme qui lui rendra, avec son intégrité, sa prospérité des jours anciens. Quel sera-t-il ?... Le ciel seul le sait, mais pour ignorer l'avenir, nous n'en avons pas moins les leçons du passé. Il est donc bon de remonter le cours des âges et de constater comment aux périodes lugubres de notre histoire, Dieu a tendu la main au peuple français.

La France a connu des heures plus sombres encore que celles que nous traversons : au XIVe et au XVe siècle, une guerre cruelle et longue, — on l'a appelée à juste titre la guerre de Cent Ans, — a non seulement privé le royaume de ses plus belles provinces, mais a compromis jusqu'à son existence même. Il fut un jour où l'on put se demander si la France allait cesser d'être... La Providence ne le permit pas.

En 1420, notre patrie dut son salut à Jeanne d'Arc dont aujourd'hui le nom rayonne immortel au déclin de notre XIXe siècle. Jamais sa mémoire n'a brillé d'un plus vif éclat : tous les partis la revendiquent, tous célèbrent à l'envi sa gloire et ses vertus.

Mais ce souvenir ne doit pas faire oublier qu'il est un autre nom qui mérite nos hommages et notre reconnaissance : c'est celui du chevalier breton qui, soixante ans avant la bergère lorraine, en 1360, reçut lui aussi la tâche d'affranchir et de venger son pays humilié par le honteux traité de Brétigny.

Précurseur de Jeanne, du Guesclin fut sous

Charles V l'instrument dont Dieu se servit pour personnifier l'énergie française, revendiquant pied à pied son indépendance et arrachant à l'Anglais sa liberté par lambeaux.

Cette vie toute d'héroïsme et de dévouement, il est juste et salutaire qu'elle soit connue du plus humble des Français ; il faut qu'il apprenne à redire le nom du bon connétable *comme celui d'un libérateur, et qu'en toutes les mémoires, le souvenir de du Guesclin se joigne à celui de la grande héroïne qui s'appelle Jeanne d'Arc.*

C'est pour contribuer dans une faible part à cette œuvre de patriotisme et d'éducation chrétiennement virile, que ce livre a été entrepris. Puisse-t-il apprendre à la jeunesse des écoles catholiques ce que c'est que le vrai courage, le vrai dévouement au service du pays et de l'honneur ! Puisse-t-il hâter en ce siècle énervé la venue d'un nouveau Du Guesclin !...

P. L.

Bertrand du GUESCLIN

CONNÉTABLE DE FRANCE

1320-1380

CHAPITRE PREMIER

Jeunesse de Bertrand du Guesclin.

Sa Famille. — Son Caractère. — Le tournoi de Rennes.

I

Bertrand du Guesclin naquit en 1320 au château de la Motte-Broons, près de Rennes.

Son père, Robert du Guesclin, chevalier, seigneur de Broons, avait épousé Jeanne Malemains qui lui donna dix enfants, six filles et quatre garçons dont Bertrand fut l'aîné.

Les du Guesclin avaient illustré leur nom dans diverses expéditions d'outre-mer, mais ils n'y avaient guère rencontré la fortune ; au XIVe siècle, quelques arpents de bois et de fougères, avec un de ces manoirs, moitié gentilhommières, moitié fermes, formaient tout l'héritage du seigneur de Broons, à qui Jeanne Malemains apportait plus de beauté que de richesse.

La naissance d'un fils premier-né leur causa une joie extrême, et ils s'empressèrent de chercher sur les traits de l'héritier de leur nom l'indice de sa gloire future. Quel ne fut pas le désespoir de la belle Jeanne Malemains quand elle s'aperçut que l'enfant qu'elle avait mis au monde était d'une laideur repoussante. L'âge ne corrigea point la nature : Bertrand eut toujours le visage basané, le nez camus, les yeux verts, le geste disgracieux, la démarche gauche, l'encolure épaisse et massive.

Des manières brusques, un caractère violent et intraitable venant ajouter à ces désavantages physiques, causaient le désespoir de ses parents qui en voulaient au ciel de leur avoir donné un tel fils. Aussi Bertrand devint-il bientôt dans la maison un objet d'aversion, non seulement de la part de son père et de sa mère qui lui préféraient ses frères et sœurs, mais aussi de la part des serviteurs qu'il maltraitait et qui ne tardèrent pas à le lui rendre avec prodigalité.

Son humeur belliqueuse ne permettant pas de l'admettre à la table de famille, on le faisait manger seul, dans un coin de la salle, sur une petite table à part ; l'enfant, qui sous des dehors rudes et grossiers cachait une âme fière et sensible, sentait l'odieux de cette humiliation et on raconte qu'un jour la brusquerie de son caractère apparut dans toute sa force.

L'heure du repas vient de sonner à la Motte-
Broons. Accompagnée de deux de ses fils, Guillaume
et Olivier, la châtelaine entre et prend place avec
eux autour de la table. Comme c'est un jour de fête,
un superbe chapon est servi et excite la convoitise
des jeunes garçons ; Bertrand, de son coin, y jette
un œil d'envie ; la honte et la colère se lisent sur
son front. Sa mère n'y prend garde, découpe le chapon et sert ses frères. Bertrand, alors, entre en
fureur, et, rendant les jeunes garçons responsables
de son humiliation, il s'élance vers eux en s'écriant :

« — C'est à moi d'être servi le premier. Faites-
moi place, je suis votre aîné. »

Interdits, les petits frères s'éloignent, et Bertrand
s'installe à la place d'honneur. Sa mère, dans sa
pitié maternelle, se résout enfin à lui laisser ses
droits, s'il veut ne plus en abuser ; mais alors il se
conduit avec une telle grossièreté, mange d'une
façon si gloutonne que la châtelaine perd patience
encore une fois et le somme de quitter la place.
L'enfant obéit, mais dans la rage d'une soumission
forcée, il heurte si violemment la table qu'il la renverse avec tous les plats qui la couvrent. Les
petits frères sont terrifiés, la mère, désolée.

Tandis que les domestiques rétablissent tant
bien que mal l'ordre troublé par le rebelle, entre une
religieuse, amie de Jeanne Malemains et reçue fami-
lièrement dans la maison. A la vue de tout ce désar-

roi, la mère en pleurs, la table encore en désordre, elle ne sait que penser quand elle aperçoit notre héros à demi caché par les draperies de la fenêtre. Elle va vers lui et lui parle doucement, espérant l'apaiser par des paroles bienveillantes. Mais l'enfant qui n'a, jusqu'alors, essuyé que des horions et des moqueries pour son extérieur peu agréable, prend pour du sarcasme les douces paroles qu'on lui adresse, et saisissant un bâton qu'il trouve à sa portée :

« — Pourquoi me parlez-vous ainsi ? Qui vous a permis de vous moquer de moi ? Si vous plaisantez encore, gare à mon bâton ! »

La pauvre dame de la Motte-Broons est indignée, et ne parle de rien moins que de faire châtier par un valet cet impertinent garçon. Mais la religieuse, toujours douce et calme, se met à examiner avec soin le visage du jeune révolté. Puis, se tournant vers sa mère :

« — Madame, dit-elle, ne vous tourmentez pas de cet enfant. Je vous le jure, sa gloire surpassera de beaucoup celle de ses illustres ancêtres, et le roi de France sera honoré de son amitié ; ces instincts que vous déplorez, se développeront pour le salut de la France et l'honneur de votre maison. Que je sois brûlée vive si mes paroles ne se réalisent pas un jour. »

La pauvre mère écoutait, surprise et consolée ; quant à Bertrand, on lisait dans ses yeux la joie de

Bertrand lui versa à boire avec les signes du plus profond respect.

la réhabilitation, et il reprit sa place pleinement satisfait. Mais, comme le maître d'hôtel entrait en cet instant, chargé d'un paon rôti, mets très recherché à cette époque, il s'empare du plat et sert lui-même la religieuse ; puis il lui verse à boire avec les signes du plus grand respect.

La pauvre mère pleurait de joie, mais à peine osait-elle ajouter foi aux paroles de son amie. A partir de ce jour, l'héritier de la Motte-Broons reçut, dans le château de son père, les honneurs dus au fils aîné.

II

Ce caractère que la sévérité avait aigri commença à devenir plus traitable et quand Robert du Guesclin revint au château, après une absence assez longue, il fut tout heureux d'y retrouver Bertrand bien différent de ce qu'il l'avait laissé. Il ne faut pas croire cependant qu'il fût déjà devenu un modèle de docilité.

Il fréquentait l'école rurale, mais si l'on en croit les seules preuves que l'on ait pu garder de son savoir, quelques signatures tracées en caractères illisibles, l'écriture fut toujours pour lui une science presque inconnue ; on ne réussit pas mieux, du reste, avec la lecture, qui, à ses yeux, n'avait pas plus d'attrait.

Pour lui un gentilhomme était assez instruit quand il savait se battre, ne fût-ce qu'à coups de poing : sous ce rapport il avait commencé son éducation de bonne heure et devait la pousser fort loin. Rien n'égale la vigueur et l'adresse qu'il déploie dans ces luttes : le père qui commence à être fier de son fils s'applique à développer ces talents.

Il lui raconte les aventures des grands capitaines anciens et modernes, lui fait le récit des conquêtes d'Alexandre et de César, prend plaisir à voir briller dans les yeux de l'enfant la flamme qu'y allument ces discours et à l'entendre s'écrier : Que ne suis-je en âge d'imiter de si grands hommes et de si belles actions !

Puis il lui apprend à tirer de l'arc, à se servir de la hache, de l'épée et de la lance, à monter à cheval et même à ranger ses soldats en ordre de bataille. Aussi, profitant des leçons paternelles, Bertrand passe ses journées à provoquer et à combattre les petits paysans du voisinage.

Que de fois il convoquait ainsi une troupe nombreuse, qu'il partageait en deux bandes ; puis, se mettant à la tête de l'une d'elles, il engageait une vraie bataille. Si l'un des côtés faiblissait, il se portait à son secours. Puis, quand le combat prenait fin par la lassitude des combattants, il menait boire

vainqueurs et vaincus, et toujours se chargeait de
la dépense ; il était généreux, car il avait l'âme
grande. Mais il rentrait au logis dans un pitoyable
état : ses vêtements déchirés et souillés, le visage
couvert de sang, les jambes et les bras écorchés.

Ses camarades n'étaient pas en meilleur état, si
bien que les plaintes de leurs parents arrivaient
chaque jour aux oreilles du seigneur de Broons qui
fut obligé d'interdire à son fils des jeux aussi
violents. Bertrand modéra son ardeur, mais il éprou-
vait pour ces exercices militaires une passion si vive
qu'à la première occasion elle se réveillait. Il pro-
voquait alors tous les jeunes paysans qu'il rencontrait : souvent la victime en était quitte pour un bras
cassé, un œil crevé, et les plaintes reprenaient...

Pour y couper court, Robert du Guesclin interdit,
sous peine d'amende, aux gens de sa seigneurie de
laisser leurs enfants suivre son fils : rien n'y fit.
Les petits paysans ont beau fuir, Bertrand va droit
à eux, et les contraint de lutter avec lui, si bien que
le seigneur de Broons n'a plus d'autre parti à prendre
que d'enfermer son fils dans une tour d'où il ne sort
qu'au moment des repas.

Mais il n'est pas facile de tenir longtemps en cage
un jeune homme d'une allure aussi bouillante.
Un soir que le serviteur qui remplit les fonctions
de geôlier vient le prendre pour le conduire à l'ora-
toire où la famille est réunie en prière, Bertrand

sort brusquement et referme la porte à double tour sur son gardien.

De là il s'élance dans la campagne, trouve un valet de son père qui revient avec une charrue attelée de deux chevaux, en dételle un, l'enfourche à poils et se dirige en toute hâte sur Rennes où habite un de ses oncles. Celui-ci d'abord l'accueille avec peu d'enthousiasme, mais peu à peu il se laisse toucher par la bonne humeur de son neveu qui lui raconte naïvement son aventure ; il le reçoit et de plus l'héberge pendant quelques semaines.

Pendant quelque temps, Bertrand est raisonnable : de longues promenades à cheval occupent son temps ; quelquefois, il accompagne même sa tante à l'église. Tout était pour le mieux, mais un crieur malencontreux annonça un jour, pour le dimanche suivant, une grande lutte qui devait avoir lieu sur la place, et dont le prix était un beau chapeau brodé d'or et d'argent. C'en est fini du calme de notre jeune homme : il ne sait comment il fera pour prendre part à la lutte sans déplaire à sa tante, mais il ira, cela est certain. Heureusement, le dimanche arrive, et personne dans la maison n'a encore soupçonné son intention, il le croit, du moins.

La tante craindrait-elle cependant ? Ce fameux jour arrivé, elle prie son neveu de l'accompagner à l'église. Le jeune homme avait grande envie de refuser, mais, retenu par la crainte de déplaire à sa tante qui l'aime et qui lui a ouvert sa maison si aimablement, il part au sermon, tout occupé du moyen de s'esquiver à temps. Le prédicateur traitait ce jour-là « du bonheur que l'on goûte au service de Dieu et de la tranquillité de l'âme intérieure. » La tante, tout oreilles, ne perd pas un mot du sermon ; tout doucement, Bertrand s'esquive... et le voilà sur le lieu du combat.

« — Voilà Bertrand, voilà celui qui triomphera de tous les autres, » s'écrient ses compagnons en le voyant accourir.

Le jeune homme alors accepte volontiers de combattre, à la condition que sa tante n'en saura rien. On le lui promet, et le voilà qui s'avance pour la lutte.

Il avait alors dix-sept ans ; il est petit, mais bien musclé, trapu, de larges épaules ; c'est un concurrent avec lequel il faut compter ; mieux qu'un autre, il résistera. Cependant, son adversaire n'est pas à dédaigner, et ferait trembler tout autre que lui : c'est un rude gars breton, taillé comme un athlète, et qui vient déjà de terrasser bon nombre de champions. Orgueilleux et railleur, il toise dédaigneusement l'assistance, comme pour défier celui qui oserait lui disputer la victoire.

Bertrand l'ose, cependant, et le combat s'engage ; dans une lutte corps à corps, les chances sont d'abord égales ; enfin, Bertrand, employant la ruse, parvient à faire perdre pied à son adversaire ; voici le vaincu à terre, mais par un effort brusque, ce dernier entraîne du Guesclin qui tombe sur lui. On le relève et on le proclame vainqueur du combat. Mais il s'est fortement blessé au genou : le sang coule et il faut le panser ; n'importe, il est heureux, il a vaincu. Mais il ne peut cacher cette mésaventure à son oncle, admirateur discret de son courage, qui lui fait cependant promettre de ne s'exposer désormais que dans des luttes dignes de son nom, dans les joutes et les tournois.

III

Le terrible lutteur resta plus d'un mois sur le lit à se guérir de ses blessures : au bout de ce temps, son oncle plaidant en sa faveur, il rentra en grâce auprès des siens et revint à la Motte-Broons.

Robert du Guesclin, qui au fond était très fier de l'adresse et du courage de son fils et prêt à les encourager, lui demanda seulement de ne plus se commettre avec les fils de ses paysans, mais de réserver son ardeur pour le moment où il pourrait se mesurer avec de vrais gentilshommes.

Bertrand promit et reçut en revanche un cheval

et des armes avec permission d'assister aux tournois et autres exercices militaires, mais à la condition expresse de n'y pas combattre. Pour plus de sûreté, le père prit la précaution de prévenir les seigneurs voisins de ne pas admettre son fils dans leurs assauts, jusqu'à ce que son âge lui eût donné le droit d'y paraître.

Déférent pour les ordres paternels, Bertrand fréquente un monde plus civilisé ; son caractère et ses manières s'adoucissent. On le voit doux et prévenant pour tous et si charitable pour les pauvres, disent les chroniques, qu'il se dépouille souvent de ses propres habits pour en couvrir les indigents. Cependant son humeur belliqueuse ne saurait ainsi l'abandonner : si jusqu'ici il a su la modérer, une occasion trop séduisante va mettre sa vertu à l'épreuve.

En 1338, Jean III duc de Bretagne mariait sa nièce, Jeanne de Penthièvre, héritière du duché, à Charles de Châtillon, comte de Blois. Cette alliance fut l'occasion des fêtes les plus brillantes et il y eut à Rennes un tournoi organisé par les gentilshommes bretons : tous les chevaliers de France et d'Angleterre y furent convoqués.

Robert du Guesclin ne pouvait manquer d'y paraître : il arriva donc au jour prescrit, suivi de ses vassaux et dans le plus somptueux équipage.

Mais, pour un motif que nous ignorons, il crut
devoir laisser son fils au château. Bertrand avait
alors dix-huit ans; sa passion si marquée pour les
joutes de ce genre lui rendait particulièrement
pénible cette privation et il est évident qu'il allait
chercher de toutes manières à rejoindre son père.

Cependant les écuries de la Motte-Broons étaient
vides : tous les chevaux avaient suivi le seigneur
du Guesclin et Bertrand n'eut d'autre ressource que
de monter un pauvre vieux cheval abandonné
qu'on avait considéré comme incapable de faire la
route.

« Personne, dit le bon Cuvelier, n'eût voulu en
donner quatre petits florins. »

Bertrand arriva donc tout honteux dans la capitale de la Bretagne et y entendit plus d'une réflexion
qui n'était pas à l'avantage de sa monture. Ceux qui
ne le connaissaient pas disaient :

« En voilà un qui serait mieux à conduire les
vaches qu'à suivre les tournois. »

Il est vrai que ceux qui savaient déjà sa valeur
ajoutaient :

« Il monte un cheval de meunier, mais il est fils
de chevalier et sera quelque jour un fameux
guerrier. »

Pour éviter les regards et les quolibets, le jeune
homme essaie donc de se perdre dans la foule et là,
plus libre de ses réflexions, il jette un regard de

convoitise sur ces chevaliers si bien armés et
montés sur de superbes palefrois. Il voit l'admiration
dont ils sont l'objet et le sentiment d'une noble
envie s'empare de son âme, mêlé d'une humiliation
secrète :

« Je sais que je suis laid et mal fait : mais je veux
faire oublier ma laideur par ma vaillance. Que
n'ai-je des armes et un bon cheval, et je jure de
terrasser ces superbes guerriers... Pourquoi faut-il
que mon père me traite si durement et ne com-
prenne pas mieux l'ardeur qui m'anime?... Quand
je serai mon maître, je promets de dépenser mon
héritage à acquérir plus d'honneur que Roland et
Arthur. »

Bertrand regarde de tous ses yeux, brûlant de se
mêler à cette fête : les chevaux hennissent, les
lances s'agitent, les dames, du geste et de la voix,
encouragent les combattants ; quel délire ! Et le
pauvre Bertrand, retiré à l'écart sur son étrange
monture, reproche en lui-même à son père son
excessive sévérité.

Mais les barrières s'ouvrent, et son attention est
toute à la lutte. Quels regrets tout à la fois et quel
enthousiasme : c'est un bruit confus de lances qui
se brisent, de montures qui s'abattent, de heaumes
qui volent en éclats sous l'assaut des épées. Bertrand
reconnaît son père parmi les combattants, mais ses
regards le quittent bien vite : il n'a d'yeux que pour

un de ses cousins, qui a son âge, et qui, plus heureux que lui, a pu être admis à prendre part aux joutes. Quand, après un certain nombre de courses, le jeune combattant se retire, Bertrand l'aborde tout frémissant et le prie de lui prêter son cheval et son armure.

« — Certainement, cousin Bertrand, avec plaisir ; je vais vous armer moi-même. »

Le jeune du Guesclin est transporté : jamais il n'avait été à pareille fête ! Il baisse avec soin sa visière, recommande le secret à son cousin et se fait inscrire. Quelle joie quand, à son tour, il franchit la barrière ! Le voici dans la lice ; aussitôt un chevalier vient à lui et le provoque.

Bertrand accepte le défi : les trompettes sonnent et les deux champions se précipitent l'un contre l'autre. Le coup de lance du jeune Breton est si heureux qu'il fait sauter la visière de son ennemi, ce qui est le comble de l'habileté dans les combats de ce genre, et il heurte si violemment le cheval de l'adversaire qu'il l'étend mort sur la place.

Le cavalier, honteux d'un résultat si imprévu, réclame une seconde épreuve ; elle n'est pas plus avantageuse : les applaudissements et les cris saluent le triomphe de Bertrand à qui le vaincu envoie demander son nom en disant :

« — Je ne sais qui il est, mais il est sorti de bon sang. »

Bertrand répond qu'il ne se fera connaître que quand on aura pu relever sa visière : c'est un défi à de nouvelles provocations. Elles ne tardent pas à se produire et voici que dans la lice s'avance l'un des meilleurs tenants du tournoi. Tout le monde le nomme, c'est le seigneur Robert du Guesclin.

Le cœur de Bertrand frémit et sa main a un instant d'hésitation : il s'avance d'abord, puis, quand il a bien reconnu l'écu et la cotte d'armes de son père, il s'arrête, baisse sa lance, en signe de respect, et se retire du champ clos.

Tous les spectateurs attribuent cette démarche à la crainte de se mesurer avec un chevalier d'une valeur si éprouvée que celle du seigneur Robert du Guesclin, et on attend avec anxiété un nouveau défi.

Un troisième chevalier s'avance alors et provoque Bertrand en l'accusant de se dérober : celui-ci se précipite à l'instant pour une nouvelle attaque. Elle est si impétueuse que le casque de l'adversaire roule à vingt pas plus loin et que le cavalier est lui-même démonté. Des acclamations retentissent de toutes parts pour saluer le triomphe de ce chevalier inconnu. Quinze fois l'épreuve se renouvelle ; quinze fois Bertrand sort vainqueur de ces luttes répétées.

Les spectateurs frémissent d'admiration mais aussi d'impatience : tous veulent connaître le nom

Le tournoi de Rennes.

d'un champion si redoutable; enfin un seizième athlète se présente et est assez heureux pour abattre la visière de Bertrand.

Aussitôt un cri se fait entendre : c'est le seigneur de la Motte-Broons qui a reconnu son fils : il vole au-devant de lui et le presse dans ses bras, ne sachant comment exprimer son admiration :

« — Beau fils, lui dit-il, jamais plus je ne mettrai obstacle à votre désir de combattre. Je vous promets de vous donner de l'or et des chevaux pour vous faire un nom dans les armes. »

Derrière Robert du Guesclin, toute la foule se presse pour complimenter le triomphateur : toutes les voix lui décernent le prix du tournoi et la foule le conduit à la cathédrale où l'on rend grâces à Dieu d'une si heureuse journée.

Mais ensuite le premier soin de Bertrand est de courir à son cousin, qui lui a permis d'entrer en lice et de déposer entre ses mains le prix du tournoi : c'est ainsi qu'à la vaillance le futur chevalier joint déjà le désintéressement qui illustrera sa vie entière.

CHAPITRE II

Premiers exploits de du Guesclin. Guerre de la succession de Bretagne.

Jean de Montfort et Charles de Blois.
Du Guesclin chef de partisans. — Le siège de Rennes.

I

Le tournoi de Rennes rendit Bertrand célèbre
dans toute la Bretagne : toutes les fêtes chevale-
resques recherchèrent sa présence, mais le moment
arrivait où, dans de vrais combats, il allait donner
la mesure de sa force et de son courage : la guerre
de succession de Bretagne lui en fournit la première
occasion.

Trois ans après le tournoi, le duc Jean III mourait sans enfants, et sa succession soulevait une
lutte qui ensanglanta la Bretagne pendant un quart
de siècle. Le duc Jean avait eu plusieurs frères.
L'aîné était mort avant lui, laissant une fille, Jeanne
de Penthièvre, qui, au nom du droit de représenta-
tion, réclamait l'héritage. Le plus jeune, Jean de
Montfort, survivait et combattait à outrance les prétentions de sa nièce. Jeanne ayant épousé Charles de

Blois, parent de Philippe VI qui occupait alors le trône de France, ce dernier se déclara naturellement pour elle et lui fit adjuger le duché par son Parlement. Jean de Montfort se jeta aussitôt dans l'alliance anglaise et réclama l'appui d'Edouard III, maître de la Guienne et de la Gascogne. En Bretagne, on prit ardemment parti pour l'un ou pour l'autre.

La Bretagne française, composée des diocèses de Rennes, de Nantes, de Saint-Malo et de Saint-Brieuc, se montre favorable à Jeanne de Penthièvre et à Charles de Blois, pendant que la Bretagne bretonnante avec les diocèses de Quimper, de Saint-Pol-de-Léon et de Vannes, épouse la cause de Jean de Montfort et se donne aux Anglais. Des deux côtés, il y a même enthousiasme, même dévouement et peut-être aussi même cruauté ; on égorge les prisonniers, et on jette leurs têtes par-dessus les murs des villes assiégées.

La lutte éclate dans la seconde moitié de l'année 1341 ; Jean de Montfort assiégé dans Nantes est fait prisonnier et emmené à Paris. Sa femme, Jeanne de Flandre, qui a le courage d'un homme et le cœur d'un lion, continue la guerre engagée et appelle les Anglais à son secours. Envoyé par Edouard III, Gauthier de Masny débarque en Bretagne et vient justifier toutes les espérances de l'héroïque Jeanne de Flandre.

Cette femme intrépide est enfermée dans Hennebont que Charles de Blois soumet au plus étroit blocus.

Malgré tout, la résistance continue ; les assiégés sont réduits à la famine. Que faire, sinon se rendre ? Les courageux habitants vont, hélas ! s'y résoudre. Mais la princesse pour rien au monde ne signera une capitulation ; d'ailleurs, il va venir, le secours promis par les Anglais, et tous les jours, à toute heure du jour, montée sur une tour donnant sur la mer, Jeanne guette l'arrivée de l'armée auxiliaire. Enfin, après plusieurs semaines de mortelle attente, au moment où, désespérée, elle se dispose à envoyer aux assiégeants les clefs de la forteresse, elle voit enfin la flotte anglaise qui remonte le Blavet ! O bonheur ! elle est sauvée !

La lutte devient donc plus acharnée ; les Anglais mettent le siège devant Rennes qui se défend héroïquement : c'est sous les murs de cette ville que Bertrand du Guesclin rencontre pour la première fois les ennemis de sa patrie et dès cette première journée sa belle conduite attire tous les regards. Un peu plus tard nous le retrouvons à Vannes cherchant, sous les ordres de Charles de Blois, à s'emparer de cette place qui est un des boulevards du parti de Montfort.

La garnison se défendit avec le plus grand courage et les efforts des assaillants eussent peut-être été inutiles s'ils n'eussent eu l'espoir de prendre la ville par la famine. Mais c'était compter sans les Anglais : ceux-ci, toujours gens de ruse et d'astuce, essayèrent de surprendre pendant la nuit les assiégeants, de traverser leurs lignes et d'introduire des vivres dans la ville.

Déjà la tentative est commencée et, grâce à l'obscurité la plus profonde, le coup va réussir : par bonheur ils ont commencé l'attaque par le quartier de du Guesclin. Celui-ci, toujours en éveil, a bientôt fait de donner l'alarme et de réunir autour de lui vingt hommes déterminés. A eux seuls ils arrêtent le choc des bataillons anglais et disputent courageusement l'entrée des barrières.

A la résistance qu'il éprouve, l'ennemi croit à la présence de toute l'armée et il juge prudent de battre en retraite. Bientôt on apprend que vingt hommes seulement ont tenu en échec trois mille combattants ; il est vrai qu'ils étaient conduits par Bertrand et dès lors la réputation de celui-ci s'impose à toute l'armée de Charles de Blois.

II

A cette époque, Bertrand du Guesclin n'est encore qu'un simple homme d'armes, il ne porte pas le titre de chevalier qui est ordinairement la récompense des longs services et des nombreuses actions d'éclat. De 1342 à 1350, les chroniques sont muettes sur le rôle qu'il remplit ; et cependant les évènements se précipitent.

La Bretagne est en feu : les deux partis continuent à s'écraser. Sous prétexte de servir Blois ou Montfort, des bandes d'aventuriers se forment qui font la guerre pour leur propre compte et rançonnent successivement amis et ennemis. Charles de Blois a pour lui quelques-uns de ces brigands ; mais la plupart viennent d'Angleterre comme Robert Knolles et Hugh de Calverly, ou de Hollande comme Croquart, et servent la cause de Montfort. Aussi ce dernier gagne-t-il rapidement du terrain.

Il meurt en 1345, mais il laisse un jeune fils dont Edouard III se déclare le tuteur. L'année suivante les armes de l'Angleterre infligent à Philippe VI la plus sanglante humiliation dans le désastre de Crécy ; en 1347, Charles de Blois tombe sur le champ de bataille de la Roche-Derrien, frappé de dix-sept blessures, et est emmené captif à Londres.

C'en est donc fait de la cause chère à Bertrand du Guesclin et la guerre régulière éprouve forcément une trêve : il ne reste plus que la ressource d'une lutte de partisans. Malgré la paix proclamée, les brigands appelés par Montfort et l'Angleterre occupent toujours la Bretagne qu'ils considèrent comme leur fief ; Bertrand entreprend de harceler ces ennemis de son pays et il inaugure un genre de luttes où ses qualités vont s'aguerrir et former le grand capitaine qu'il sera plus tard.

Il connaît les ressources de son pays ; il a jadis mis à l'épreuve les combattants bretons, dans ces luttes acharnées, parfois dangereuses, qu'il livrait aux compagnons de son enfance. A la tête d'une petite troupe de braves, endurcis aux fatigues comme lui, il court le pays à la recherche des Anglais. Mieux que personne, ces étranges soldats connaissent le pays où ils opèrent : les chemins détournés, les défilés, les fourrés épais, tout leur est bon pour servir d'embuscade et les Anglais sont fréquemment surpris, dépaysés qu'ils sont dans les landes immenses ou la profondeur des bois. Du Guesclin se cantonne spécialement entre Rennes, Dinan et Ploermel, harcèle l'ennemi sans relâche, et, à la tête de cette troupe de choix, inaugure une vie de surprises, d'embuscades, d'escarmouches perpétuelles. La nuit, le jour, il bataille : il faut profiter de l'ignorance de l'ennemi et le mettre hors d'état de nuire en le ruinant par ses fautes mêmes. Pour nos Bretons, ils se retrouvent toujours, ils savent, en cas d'alerte, se rallier rapidement, et, s'ils sont poursuivis, ils n'ignorent pas les souterrains qui peuvent leur offrir un refuge. De ces luttes, du reste, le chef partage les profits avec son prince : il faut bien que la guerre le nourrisse, lui et sa troupe.

Ses soldats ne lui marchandent pas l'obéissance : ils ne demandent qu'une chose, c'est d'être bien nourris et bien payés. Or, dans les premiers temps surtout, du Guesclin n'est pas toujours en mesure de faire l'un ou l'autre. Un jour même, pour satisfaire à ses engagements, il est obligé de crocheter l'armoire où sa mère enferme ses bijoux et de les vendre pour nourrir ses gens. Naturellement Jeanne Malemains s'élève contre l'indélicatesse de ce procédé, mais son fils l'apaise en lui promettant de lui rendre bientôt au centuple ce qu'il lui a dérobé.

Quelque temps après, Bertrand chevauche en pleine forêt pour rejoindre ses gens, monté sur une jument dont l'écurie paternelle a fait les frais, sans nul doute. Son unique compagnon, Orris, court essoufflé derrière son maître. Du Guesclin est armé : une hache pend à son cou, une épée, à sa ceinture. Au bout d'un long temps de course fatigante :

« — Maître, dit Orris tout hors d'haleine, en voilà assez, je suppose, impossible de vous suivre plus longtemps à pied. Donnez-moi une monture, mulet ou jument, ou bien, je prends congé de vous !

— Patience, répond Bertrand... N'entends-tu pas au loin le galop d'un cheval et un cliquetis d'armes ?

Dans un instant, ou je serai mort, ou tu seras mieux monté que moi. »

En effet, bientôt les deux Bretons se trouvent en face d'un chevalier anglais magnifiquement monté, armé comme un grand seigneur. Derrière lui, ses valets portent les bagages en trousse. Bertrand a vite reconnu un ennemi, et, si la lutte est inégale, il n'en a cure : il lui en reviendra plus de gloire.

Après un court combat, le chevalier et l'un des valets gisaient morts, et le second valet, qui s'était enfui avec les bagages, avait la tête fendue d'un coup de hache. Quelle aubaine pour les vainqueurs si piètrement équipés ! Tous deux poursuivent leur chemin, tout fiers de leur nouvelle tenue, et Bertrand reconduit la jument à la Motte-Broons.

« — Depuis quand êtes-vous chevalier? s'écrie la dame du Guesclin, apercevant son fils dans un équipage inconnu pour elle.

— Ma mère, répond Bertrand, qui raconte son aventure, pardonnez-moi, je vous prie, les larcins que j'ai commis : je n'avais rien alors ; aujourd'hui, je vous fais hommage des richesses que je viens de conquérir ; vous pouvez y puiser à pleines mains ; pour chaque denier que je vous ai pris, je vais vous rendre vingt sous.

Le plus bel exploit de du Guesclin et de sa bande, à cette période, fut la prise du château du Fougeray situé dans la forêt de Teillais et au pouvoir des Anglais. Ils étaient au nombre de plus de deux cents ; le château bien fortifié, muni de vivres, d'armes et de machines, se trouvait commandé par un capitaine expérimenté, Robert Bramborc. La force étant impuissante à triompher de cette place, du Guesclin eut recours à un stratagème hardi, mais dangereux.

Longtemps il se tient caché dans les environs du château, épiant la sortie de Bramborc ; puis, quand il voit celui-ci descendre dans la campagne avec une partie de ses gens, Bertrand choisit trois de ses hommes les plus déterminés, se travestit avec eux en bûcherons et prend sur le dos une charge de bois.

Après avoir mis sa troupe en embuscade et l'avoir instruite de ce qu'elle aura à faire, il se présente à la porte du château avec ses trois compagnons et demande si l'on veut acheter leurs charges. L'hiver est rigoureux et l'offre bien opportune. Le portier les fait entrer, achète le bois et appelle des hommes pour le recevoir. Pendant ce temps le pont est resté abattu ; les quatre aventuriers déchargent leur bois au-devant de la porte d'une façon si maladroite qu'elle ne peut plus se fermer.

Aussitôt du Guesclin saisit une hache cachée sous son habit de paysan et assomme le portier ; deux de ses compagnons en font autant à deux des soldats venus pour prendre le bois, mais un quatrième qui n'est que blessé va donner l'alarme et attire cent soldats à la porte.

Bertrand crie alors : « Notre-Dame Guesclin ! » et reçoit si vigoureusement les cent hommes avec ses trois compagnons, qu'il les repousse dans le château. A son appel la troupe embusquée accourt, passe le pont resté baissé, le relève pour empêcher Bramborc de les surprendre par derrière et commence un combat sanglant et furieux. Il n'y a plus de retraite possible ; il faut donc vaincre ou mourir.

Sept Anglais s'acharnent sur du Guesclin, qui n'a pour arme qu'une grande cognée arrachée à un des leurs, mais il s'en sert si vigoureusement qu'il en renverse deux à ses pieds. Les autres reculent et ne combattent qu'avec précaution. Cependant du Guesclin est atteint à la tête : le sang coule de sa blessure et lui obscurcit la vue ; ses compagnons, s'apercevant du danger qui le menace, redoublent d'ardeur, enfoncent l'ennemi et le délivrent. Le château reste au pouvoir des vainqueurs qui s'adjugent le dîner préparé pour Bramborc et les siens.

Puis, Bertrand, après avoir bandé sa blessure, prend cinquante des siens et va s'embusquer sur la route que doit prendre Bramborc pour rentrer au château. L'Anglais, sans défiance, donne dans l'embuscade et y perd la vie. Ce jour-là un riche

Prise du château de Fougeray.

butin tomba au pouvoir des soldats de du Guesclin.

Par malheur, celui-ci n'était pas en mesure de garder longtemps la forteresse du Fougeray à une époque où toute cette partie de la Bretagne, depuis Redon jusqu'à Bécherel, était au pouvoir des partisans ou des auxiliaires de Montfort. Après une occupation qui dura tout au plus une année, il dut revendre sa conquête aux Anglais et reprendre sa vie d'éclaireur et de guetteur de routes.

Au commencement de 1353, Robert du Guesclin mourut et Bertrand se rapprocha de la Motte-Broons pour veiller à l'héritage paternel en sa qualité de chef de famille. Il s'établit avec sa bande entre Dinan et Pontorson, qui était alors une position militaire de premier ordre. Le commandement en était confié à un capitaine éprouvé nommé Pierre de Villiers : celui-ci qui avait entendu maintes fois vanter l'audace et les coups de main de Bertrand du Guesclin, résolut de l'attirer dans sa ville comme un auxiliaire qui pourrait à l'occasion devenir d'un précieux secours.

A Pontorson, Bertrand se fit connaître d'Arnoul d'Audrehem, maréchal de France, que le roi venait d'envoyer en Bretagne, comme chef de ses armes. Celui-ci s'assura le concours du chef de partisans et en 1354 nous voyons du Guesclin qui occupe sous ses ordres le château de Montmuran. Les Anglais, guidés par Hugh de Calverly, essaient de prendre à l'improviste les Français, comme ils les ont surpris à Combourg peu de temps auparavant.

Mais du Guesclin, avec son flair de vieux routier, a pressenti les projets de l'ennemi et s'apprête à les déjouer.

Quelques archers en embuscade attendent Calverly sur la route. L'attaque est rude ; ils soutiennent le premier choc, puis Bertrand et le sire d'Audrehem, prévenus, viennent au plus tôt à leur aide. La lutte est acharnée ; on met pied à terre, et l'on se bat plusieurs heures avec un égal courage.

En cette aventure du Guesclin a déployé tant de fougue et de vaillance qu'un gentilhomme de Caen, Eslatre des Marès, l'arme chevalier sur le champ de bataille et lui ceint l'épée.

On était au jour du Jeudi-saint, 10 avril 1354 ; le lendemain, après la veillée des armes, Bertrand revêtait la robe blanche du chevalier dans la chapelle du château de Montmuran et cette promotion était le point de départ indispensable de ses glorieuses destinées.

A cette attaque du château de Montmuran avait été fait prisonnier un parent de Guillaume Trussel, chevalier anglais de distinction. S'étant vu refuser par du Guesclin le rachat de son cousin captif, il entra en fureur et provoqua son ennemi, bien que celui-ci fût miné par la fièvre. Accepter paraissait folie : Bertrand accepta cependant, avec cette seule condition que le vaincu payerait cent écus pour régaler les spectateurs.

Au jour marqué, sur la place de Pontorson, choisie comme lieu de la rencontre, Trussel arrive le premier, monté sur un magnifique cheval, puis vient le pauvre Bertrand, malade, exténué de fièvre, n'ayant pas la force, croyait-on, de tenir pied devant son brillant adversaire. Ses partisans tremblaient pour lui, mais lui, certes, ne tremblait que de fièvre. On se bat d'abord à coup d'estoc ; dès la première attaque, du Guesclin perd les arçons, surpris qu'il est par un coup brusque de son ennemi. C'est un cri d'effroi dans le camp français ; on craint que le brave capitaine ne soit blessé et vaincu.

Mais il se remet promptement en selle ; du reste, c'est le tour des lances d'entrer en bataille, et Bertrand, en qui l'ardeur du combat a chassé momentanément la fièvre, transperce d'un coup l'épaule du chevalier anglais. Celui-ci, blessé sérieusement, s'avoue vaincu et paye le prix convenu, les cent écus destinés, comme disait du Guesclin, à régaler les spectateurs.

Ces escarmouches n'empêchèrent pas les négociations de continuer entre Edouard III et Charles de Blois. Celui-ci ayant demandé à retourner en Bretagne pour y recueillir sa rançon, le roi d'Angleterre y consentit mais en exigeant des ôtages.

Seize chevaliers bretons se rendent donc à Londres : de ce nombre est du Guesclin. Le roi d'Angleterre, qui est désireux d'éblouir les envoyés par l'éclat de sa puissance, déploie une pompe inusitée : ce ne sont que fêtes et tournois de toute espèce où les chevaliers anglais se piquent de surpasser en valeur les envoyés de Bretagne. Ceux-ci et du Guesclin surtout ne s'effraient guère de cette présomption.

Il est vrai que les Bretons, ruinés par une guerre désastreuse, ne peuvent rivaliser de luxe et d'éclat avec les riches armures des Anglais, mais leur coup de lance n'en est pas moins redoutable. On s'en aperçut le jour où Robert Melvill, le favori du roi, voulut se mesurer avec l'un des ambassadeurs : il reçut un coup si violent que la mort s'en suivit.

Cet accident excita le ressentiment d'Edouard qui profita de tous les moyens pour faire sentir aux Bretons le poids de sa colère. Il alla même jusqu'à mettre en suspicion devant toute sa cour la foi de leur serment à propos d'une trêve établie de concert entre les deux peuples :

« — Cet armistice, dit-il, j'espère que vous l'observerez... »

Il était de bonne politique de ne pas indisposer le monarque, et les chevaliers bretons gardèrent le silence en face de cette boutade royale, mais du

Guesclin, trop fier pour se laisser insulter, même par Edouard III, prit la parole et répondit sans s'inquiéter des conséquences d'un pareil langage :

« — Sire, nous garderons la trêve comme vous la garderez ; si vous la rompez nous la romprons. »

Le fier monarque a relevé la tête et, peu habitué à semblable répartie, il prodigue l'injure et la menace : il ne faut rien moins pour l'apaiser que les excuses de tous les envoyés.

Ayant repris son calme, Edouard ne peut s'empêcher de rendre justice à la noblesse d'un si grand caractère et pendant que les Bretons se retirent, il dit à ses courtisans :

« — Voyez ces chevaliers, ne reconnaît-on pas là l'intrépidité de leur nation ?... »

L'incident n'eut pas d'autre suite.

Bertrand rentra en Bretagne, ayant sur le cœur les menaces d'Edouard III et s'apprêta à pourchasser les Anglais avec un redoublement d'entrain et de vigueur.

III

Le roi Philippe VI était mort en 1350, laissant à son fils Jean II la lourde tâche de résister aux attaques d'Edouard III. Pas mieux doué que son père, ce nouveau roi était étranger aux qualités solides qui font les grands princes : son humeur chevaleresque n'aboutit qu'à la sanglante défaite de Poitiers où il perdit, avec la liberté, plus de deux mille cinq cents hommes d'armes et un nombre immense de fantassins (1356).

Quelques jours plus tard, le duc de Lancastre, fils d'Edouard III, pénétrait en Bretagne et venait mettre le siège devant Rennes. La glorieuse résistance de cette ville fit honneur à la France et fut due en grande partie au dévouement de Bertrand du Guesclin.

Notre hardi capitaine avait alors repris sa vie favorite, vie indépendante d'escarmouches et de surprises. Quand il vit l'armée anglaise s'établir autour de Rennes, il résolut d'aider à la défense en retardant l'attaque, et pour cela, il coupait les vivres aux assiégeants en interceptant leurs convois. A tout moment, son intervention était prête, il harcelait sans fin l'ennemi, et rien ne le rendait heureux comme les provocations et les combats.

Le chroniqueur Cuvelier rapporte qu'à cette époque, durant une courte trêve, un des frères de Bertrand qui servait sous lui fut traîtreusement arrêté et fait prisonnier par un gentilhomme anglais nommé Thomas de Canterbury. Bertrand n'était pas homme à subir cette injustice sans réclamation.

A cette nouvelle, il « rougit comme un charbon, » monte à cheval et se rend à la tente du duc de Lancastre. Il trouve le prince jouant aux échecs. On offre à du Guesclin le vin de la bienvenue.

« — Je ne boirai, répond Bertrand, que quand on m'aura fait justice. »

Il expose le grief qui l'amène et accuse Thomas de Canterbury d'avoir violé la trêve en arrêtant son jeune frère. Le duc de Lancastre fait venir aussitôt le chevalier dont se plaint du Guesclin, et lui dit :

« — Voici Bertrand qui vous vient accuser de ce que, malgré le répit accordé aux assiégés, vous avez aujourd'hui pris son frère et le voulez rançonner comme votre prisonnier. Qu'avez-vous à répondre ?

— Sire, répond Thomas en toisant du Guesclin avec arrogance, si ce Bertrand que je vois ici prétend soutenir que j'aie fait chose dont on me doive blâmer et que loyal chevalier ne puisse faire, voici mon gage : je suis prêt à prouver mon bon droit en champ de bataille, corps à corps, pair à pair. »

Bertrand, sans dire d'abord un tout seul mot, s'élance pour saisir le gage :

« — J'accepte votre défi, s'écrie-t-il aussitôt qu'il tient le gage en main, et devant les barons je vous combattrai avant qu'il soit nuit. Faux chevalier ! traître ! vous mordrez la poussière devant tous les seigneurs, ou à honte mourrai.

— Je ne vous ferai pas défaut, n'ayez crainte, reprend le chevalier anglais. Jamais nul jour en lit ne dormirai jusqu'à ce que je vous aie combattu.

— Et moi, riposte Bertrand, je le jure par la sainte Trinité, jamais ne mangerai que trois soupes au vin avant que je soie armé.

— Je vous ferai bien équiper, dit à du Guesclin un chevalier de l'entourage du duc de Lancastre, et vous prêterai mon meilleur destrier, car je veux de vous deux tantôt voir l'essai. »

La nouvelle du combat qui doit avoir lieu ne tarde pas à se répandre dans la ville assiégée. Toute la population s'en émeut. Bourgeois et bourgeoises désirent tellement le succès de Bertrand que l'issue de ce duel les préoccupe. Une noble demoiselle de Dinan, qui se pique de connaître l'avenir, rassure ses compatriotes en leur annonçant à l'avance que Bertrand sera vainqueur.

Fille de messire Robert Raguenel et de Jeanne de Dinan, vicomtesse de la Bellière, Tiphaine Raguenel avait alors vingt-quatre ans. Très versée dans l'astronomie et la philosophie, elle passait pour la fille la plus sage et la plus instruite qui fût dans tout le pays. On racontait même qu'une fée avait présidé à sa naissance et l'avait douée du don de prophétie. Comme les femmes en général et les Bretonnes en particulier, la fille de Robert Raguenel devait être sensible à la gloire, et un brave, si laid

qu'il fût, avait grande chance de faire battre son
cœur.

Aussi, dans la circonstance dont il s'agit, un
sentiment aussi vif que tendre rendait sans doute
plus perçante encore la seconde vue de Tiphaine.
On est d'autant mieux fondé à le supposer que,
quelques années après cet incident, la belle devine-
resse épousa son compatriote. Un écuyer nommé
Amauri s'empresse de rapporter à du Guesclin
l'augure favorable qui le concerne. Bertrand, loin
de se montrer touché de cette prédiction, affecte
l'indifférence et y répond d'une manière fort
brutale :

« — Va, fou, dit-il au messager, sottises que
tout cela ! Qui à femme se fie n'est guère
avisé !... »

Deux amis de Thomas de Canterbury, Robert
Knolles et Thomas de Grandson, essayent en vain
au dernier moment de faire la paix entre les deux
champions. Du Guesclin ne veut entendre parler
d'aucun accommodement. Le combat a lieu sur la
place du marché de Dinan en présence du duc de
Lancastre, que l'on a laissé entrer dans la ville avec
une escorte de vingt chevaliers, et de la plus grande
partie des habitants accourus pour assister à ce
spectacle.

A la première passe, les deux adversaires se précipitent l'un contre l'autre avec tant d'impétuosité

que leurs lances se brisent et volent en éclats ; ils saisissent alors leurs épées. Longtemps ils se frappent d'estoc sans parvenir à s'entamer, tant leurs armures sont impénétrables. Enfin, dans un effort désespéré que fait Canterbury pour fendre la tête de son adversaire, son épée porte à faux et lui échappe de la main. Bertrand descend aussitôt de cheval, ramasse l'épée et la jette hors du camp.

L'Anglais, n'ayant plus d'autre arme que sa dague, refuse de combattre à pied, comme du Guesclin l'y invite à plusieurs reprises. Celui-ci se débarrasse en toute hâte de ses armures de jambes qui le gênent, afin d'avoir toute la liberté de ses mouvements. Grâce à cette précaution, au moment où Thomas fond sur lui pour l'écraser sous le poids de sa monture, Bertrand réussit à esquiver la charge. En même temps, il enfonce son épée dans les flancs du cheval qui se cabre, tombe et entraîne son cavalier dans sa chute. Bertrand se précipite sur son adversaire « comme lion crété, » arrache le casque ou bassinet qui lui couvre le visage et le frappe si fort à la tête avec ses gantelets de fer que Thomas de Canterbury est bientôt aveuglé par son propre sang. Le capitaine de Dinan et quelques autres chevaliers, tant Anglais que Français, s'interposent :

« — Ami Bertrand, vous en avez assez fait. L'honneur de la journée est pour vous.

— Beaux seigneurs, laissez-moi terminer ma

bataille ; car, par la foi que je dois à Dieu le droiturier, ou il se rendra mon prisonnier, comme il a tenu Olivier mon frère, ou je vais le tuer sur l'arène de ce champ clos.

— Bertrand, lui crie Robert Knolles, veuillez bailler notre champion au duc de Lancastre qui vous en saura gré et vous en tiendra bon compte. Vous en avez assez fait : il est à votre merci.

— Je l'octroie, répond Bertrand, tout à votre désir. »

Bertrand s'avance ensuite vers le duc, et se mettant à genoux :

« — Noble duc, je vous prie et requiers, ne me veuillez haïr ni blâmer si j'ai maltraité ce meurtrier. Ne fût pour votre amour, il eût été occis.

— Il n'en vaut guère mieux, dit en souriant le duc. De tant qu'en avez fait, on vous doit bien priser. Votre frère Olivier sortira de prison, et il aura mille livres pour s'équiper. Vous, vous aurez les armes du félon chevalier et son cheval aussi. Quant à lui, jamais à ma cour il ne pourra reparaître, car les traîtres n'y sont pas admis. »

Le duc de Lancastre prend ensuite congé des habitants de Dinan, après avoir bu le vin d'honneur qu'ils lui offrent et regagne son camp. L'heureuse issue de ce combat met le comble à la renommée de Bertrand.

Cependant le siège de Rennes durait depuis

six mois et les habitants voyaient avec désespoir leurs vivres diminuer : ils allaient succomber par la famine. Pour les amener à opérer une sortie, le duc de Lancastre qui connaissait leur pénurie voulut les tenter en leur montrant toutes les ressources de son abondance. Il donna l'ordre de mener paître sur les remparts des troupeaux de porcs, dans l'espoir que les assiégés sortiraient de leurs murs pour s'en emparer. Ils ouvrent leur porte en effet et y suspendent une truie vivante qu'ils maltraitent et tirent par les oreilles pour lui faire pousser de grands cris ; à ces cris les porcs accourent et se précipitent dans la ville. Les assiégés en prennent ainsi plus d'une centaine avant que les Anglais qui n'ont pas prévu ce dénouement puissent y mettre bon ordre.

Mais on n'était pas tous les jours à même de se procurer des vivres à aussi bon compte, et les Rennois en arrivaient aux dernières extrémités : sans du Guesclin qui veillait et travaillait pour eux, la place n'eût pu résister longtemps. Il profitait de toutes les occasions pour la ravitailler et cependant traverser l'armée anglaise pour arriver jusqu'à la place semblait impossible.

Or un jour Bertrand apprend de source certaine que le duc de Lancastre s'est éloigné de la ville avec une grande partie de ses troupes : il s'empresse de saisir une occasion aussi favorable pour pénétrer dans Rennes. Il tombe donc sur les lignes anglaises dégarnies de troupes, met le feu aux tentes, s'empare de plus de cent chariots chargés de blé, de vin, de viandes et les traîne après lui dans la ville affamée. Les Rennois le reçoivent avec des cris de triomphe : c'est le salut qu'il leur apporte. Quand le duc de Lancastre arrive, le tour est joué.

Furieux d'avoir été ainsi surpris, mais en même temps plein d'admiration pour un capitaine qui sait opérer de si hardis coups de main, Lancastre éprouve le désir de voir de plus près ce loyal ennemi et lui envoie une invitation à venir dans son camp.

Introduit avec le cérémonial d'usage et au son des trompettes, puis conduit en présence du capitaine de la garnison, le héraut de Lancastre demande du Guesclin. On le lui montre à peu de distance, « simplement accoutré selon sa coutume, vêtu d'un jaque aussi noir qu'une crémaillère, » portant sur l'épaule une grande hache d'armes et suivi de six écuyers de son entourage.

« — Par ma foi, dit l'Anglais, on dirait un brigand qui épie des marchands.

— Héraut, interrompt le capitaine de Rennes, prenez bien garde de ne parler à Bertrand qu'avec beaucoup de courtoisie ; car si vous avez le malheur de prendre un autre ton avec lui, d'un coup de hache il vous aura bientôt coupé les oreilles. »

Le héraut, s'inclinant profondément devant du Guesclin, s'acquitte de son message. Bertrand accepte aussitôt l'invitation, fait présent au héraut d'un bel habit ainsi que d'une bourse de cent florins et reçoit le sauf-conduit qu'il se fait lire, car « lire ne sait, ni écrire, ni compter. »

Du Guesclin se rend au camp ennemi et va droit à la tente du duc de Lancastre. Les Anglais accourent de tous côtés pour le voir et se disent les uns aux autres :

« — Quel gaillard ! Il ne faut pas s'étonner s'il détrousse si bien nos marchands. Regardez qu'il est fort, comme il a les poings carrés, le teint noir et hâlé ! »

Introduit en présence du duc, le chevalier breton fléchit respectueusement le genou. Le prince anglais relève sur-le-champ son hôte et le remercie gracieusement d'avoir accepté son invitation sans défiance.

« — Sire, dit Bertrand, je suis prêt à faire tout ce que vous me commanderez, excepté à mettre bas les armes tant que vous serez vous-même en guerre avec mon seigneur et maître.

— Et quel est donc, interrompt le duc, votre seigneur ?

— Sire, vous le savez, c'est Charles de Blois, du sang royal de France, et madame sa femme, héritière du duché de Bretagne.

— Vous ignorez donc, reprend le duc, qu'avant que cette question soit jugée, il en coûtera la vie à plus de cent mille hommes.

— Eh bien ! s'écrie Bertrand, s'il y a beaucoup de gens tués, c'est tant mieux pour les survivants : leur part d'héritage en sera plus belle. »

Le prince anglais ne peut s'empêcher de rire de cette saillie et fait au chevalier breton des offres magnifiques, s'il veut entrer à son service.

« — Sire, répond Bertrand, à Dieu ne plaise que j'accepte vos propositions. Certes, si bonne paix était entre vous et mon dit seigneur, je me mettrais volontiers à votre disposition. Mais convenez, sire, que si tout premièrement je vous avais servi et vous quittais pour autre servir qui serait votre ennemi, je vous aurais vilainement trahi et serais déloyal. »

Le duc de Lancastre, loin de s'irriter de cette réponse, sent redoubler au contraire l'estime qu'il avait déjà pour du Guesclin. Il fait apporter le vin et les épices, et l'on boit à la santé du chevalier breton. Pendant qu'on vide les verres, un des seigneurs anglais nommé Guillaume Bramborc, proche parent de ce Robert Bramborc à qui le chevalier breton avait pris le château du Fougeray, adresse un cartel à du Guesclin :

« — Bertrand, dit-il, je vous requiers de trois coups de lance, si cela vous convient.

— Beau sire, grand merci, répond Bertrand en serrant la main à l'Anglais ; par mon serment, je ne vous en faudrai. Vous demandez trois coups de lance : je prends Dieu à témoin que vous en aurez six, si besoin est. »

Le combat est fixé au lendemain matin ; il doit avoir lieu dans l'espace compris entre le camp anglais et les fossés de la ville de Rennes. Le duc de Lancastre, touché de la générosité avec laquelle a été traité son héraut, ne veut pas rester en arrière de Bertrand, il lui donne un coursier magnifique.

« — Sire, dit Bertrand en remerciant le prince, je n'ai trouvé jusqu'à ce jour, duc, comte, ni prince qui m'ait donné du sien la valeur d'un denier : si j'ai conquis quelque chose, c'est à la pointe de mon épée ; mais puisque vous voulez bien me faire cadeau d'un si beau cheval, je l'essayerai demain devant vous. »

Du Guesclin prend congé du duc et retourne à Rennes. Informé de la provocation adressée par Guillaume Bramborc au chevalier français, le capitaine de la ville craint qu'elle ne cache un piège et veut dissuader Bertrand de tenir son engagement. Celui-ci ne se laisse pas ébranler. Il a donné sa parole, et il ne peut croire que le duc de Lancastre manque à la sienne. D'ailleurs, quand même les Anglais trameraient quelque perfidie, il a confiance que Dieu se mettrait du côté du bon droit.

Le lendemain, de grand matin, du Guesclin s'ajuste un bon jupon boutonné et serré à la taille, revêt un haubergeon ou cotte de mailles et endosse par-dessus tout cela un grand jaque. Il refuse de mettre un pectoral d'acier que lui offre le capitaine de Rennes. Une lance et un écu à nervures complètent son équipement. Il se rend ensuite à l'église où il entend une messe chantée, car jamais il ne manque d'invoquer le Dieu des combats.

Il venait de monter à cheval, après avoir pris une soupe au vin, et se dirigeait vers le champ clos lorsqu'il rencontre sa tante, en larmes, qui redoutant elle aussi la perfidie anglaise, supplie son neveu de ne pas aller au rendez-vous convenu.

« — Fais ôter ton heaume, dit-elle, et je te vais embrasser.

— Allez-vous en chez vous, répond Bertrand, embrasser votre mari et préparer le dîner ; car, s'il plaît à Dieu et pourvu que mon champion soit prêt, je serai de retour que votre feu ne sera pas encore allumé. »

La ville de Rennes est en grand émoi. Les habitants, grands et petits, montent sur les créneaux de l'enceinte et suivent du Guesclin du regard. Aussitôt que les deux combattants sont en présence, le duc de Lancastre fait proclamer à son de trompe qu'aucun des assistants, armé ou non, ne s'approche des champions plus près qu'à la distance de vingt lances et ne prête aide ou assistance à l'un ni à l'autre. Le prince anglais reste seul avec le comte de Pembroke pour garder le champ clos.

Le signal est donné : du Guesclin et Bramborc saisissent leur écu et se précipitent l'un contre l'autre, la lance au poing. A la première passe, le Breton assène un tel coup sur l'écu de Bramborc qu'il le perce et aussi le haubert. L'Anglais, de son côté, frappe le bassinet de son adversaire avec une telle force qu'il l'entame. Bertrand ne s'en maintient pas moins sur ses étriers, immobile ainsi qu'une tour.

Deux autres passes restent également sans résultat. Du Guesclin s'approche alors de Guillaume Bramborc et lui dit :

« — Bramborc, êtes-vous content ? Par égard pour le duc ici présent dont j'ai été l'hôte, je vous ai épargné jusqu'à cet instant ; mais je ne réponds de rien, si vous me tenez tête davantage !

— Recommençons, riposte aigrement l'Anglais. »

Revenant à la charge avec plus d'impétuosité qu'auparavant, Bertrand, cette fois, au premier coup qu'il porte à son adversaire, l'atteint au-dessous du blason. Le fer perce de part en part la cotte de mailles, entre dans les chairs et peu s'en faut qu'il ne traverse le poumon. Bramborc est renversé de cheval à demi mort.

« — J'espère que vous en avez pour votre argent,

crie du Guesclin au vaincu. Si je n'avais pitié de vous par égard pour le duc de Lancastre, vous n'en seriez pas quitte à si bon compte. »

Bertrand reçoit les félicitations du duc, donne à l'un des hérauts de ce prince le cheval du vaincu et retourne à Rennes. Le vainqueur est accueilli par toute la population avec des transports de joie et conduit au château où l'on donne un somptueux festin en son honneur.

Le soir même du jour où du Guesclin vient de remporter ce triomphe, le duc de Lancastre fait donner un assaut au moyen d'une haute tour ou grand beffroi de bois que les assiégeants traînent jusqu'au pied des remparts de Rennes. La nuit ayant interrompu l'attaque, les Anglais laissent dans cette tour de bois un certain nombre de gens d'armes et d'archers pour la garder, bien décidés à recommencer la lutte le lendemain dès le lever de l'aurore.

Ils ont compté sans Bertrand qui, profitant de l'obscurité de la nuit pour faire une sortie avec le capitaine de la garnison et cinq cents arbalétriers, attaque la tour, y jette du feu grégeois ; et bientôt l'énorme machine est la proie des flammes. L'incendie prend de telles proportions que, de toutes les parties du camp anglais, on voit cette haute tour flamber au milieu des ténèbres : une fois de plus la ville est sauvée.

Le siège de Rennes. — La tour de bois incendiée.

C'est ainsi qu'après neuf mois d'efforts, le duc de Lancastre est obligé d'abandonner le siège de Rennes : cette héroïque résistance soulève dans la France entière une admiration universelle et, franchissant les limites de la Bretagne, le nom de Bertrand du Guesclin arrive aux oreilles de Charles V qui plus tard l'appellera à la plus haute dignité militaire de son royaume.

CHAPITRE III

Du Guesclin entre au service de la France.

Il est nommé Capitaine de Pontorson. — Le siège de Melun.
Son Mariage.

I

Charles V — auquel l'histoire a donné le nom de Sage — se connaissait en hommes ; dès le mois de décembre 1357, il appelait à Paris, pour lui confier le service de la police, Pierre de Villiers, capitaine de Pontorson, et il donnait sa succession à Bertrand du Guesclin.

C'est qu'à cette époque le régent — c'était le titre que portait Charles pendant la captivité de son père le roi Jean — avait besoin d'hommes sur lesquels il pût compter, car la trahison et la perfidie l'entouraient. Sans parler des intrigues des Etats généraux, des menées d'Etienne Marcel et du parti démagogique, il avait surtout à tenir tête aux attaques de Charles le Mauvais.

Ce prince, roi de Navarre, était entièrement digne de son surnom. Voici le portrait qu'en trace M. Siméon Luce : « On chercherait vainement dans l'histoire un personnage plus repoussant que Charles II, roi de Navarre. Si le crime est odieux, la perfidie est à la fois odieuse et méprisable ; or, Charles le Mauvais fut la perfidie en personne. Il y avait du serpent et du tigre dans ce petit homme d'allure féline, à l'œil vif, au regard chatoyant, d'une faconde intarissable, qui faisait d'abord patte de velours, même aux gens qu'il voulait égorger. Le roi Jean l'avait comblé de témoignages de sa bienveillance, il lui avait donné sa fille, il l'avait nommé, en 1354, son lieutenant en Languedoc. Le gendre acquitte sa dette de reconnaissance en faisant assassiner, à la faveur d'un guet-apens, le 6 janvier 1351, Charles d'Espagne, connétable de France, le favori de son beau-père. Le roi de Navarre vient à peine d'obtenir son pardon, qu'il s'efforce d'entraîner le jeune Dauphin dans un complot tendant à jeter Jean en prison et à le faire mourir. Le complot ayant été découvert, Charles le Mauvais administre à ce même Dauphin, naguère sa dupe, un poison terrible dont ce jeune prince se ressentit pendant le reste de sa vie... En 1358, il jure sur la sainte hostie « d'être avec le régent contre tous », et lorsqu'il prête ce serment, il est depuis plus d'un mois en pourparlers avec Edouard III pour conclure un traité tendant au partage de la France, à son profit et au profit du roi d'Angleterre. »

Un moment on peut croire qu'il va réussir dans ce dessein : en flattant Etienne Marcel, il s'est fait nommer capitaine de la commune de Paris ; d'autre part, il engage à son service la plupart des bandes étrangères qu'Edouard III, aux termes de la trêve, aurait dû licencier. Grâce à ce secours, il s'empare de plus de soixante villes ou châteaux autour de Paris et de presque toutes les places normandes ; une seule résiste à ses efforts, et cependant pour celle-ci il en abandonnerait bien d'autres : c'est la forteresse de Pontorson.

Cette ville en effet a pour gouverneur Bertrand du Guesclin qui commande également les châteaux de Montagu et de Sacey, ainsi que le rocher du Mont-Saint-Michel.

Dieu avait fait naître Bertrand non loin de ce rocher célèbre ; il n'est pas étonnant que son nom glorieux fût mêlé à l'histoire du mont. Bizarrement, et, du reste, magnifiquement situé, le mont Saint-Michel rappelle à l'esprit les poétiques légendes de notre histoire, et aussi ces saints moines uniquement occupés des soins de la prière et des labeurs de l'étude. Isolés sur ce rocher où venaient expirer avec le flot écumant les bruits et les soucis de la terre, ils brillaient par leur vertu et leur savoir, donnant au monde un merveilleux sujet d'étonnement. Le mont Saint-Michel c'était le trait d'union entre la Normandie et la Bretagne, la clef de ces deux grandes provinces. Quoi d'étonnant, dès lors, que Charles le Mauvais en ait fait l'objectif de son ambition ! Quoi de surprenant que Charles, le régent, n'ait trouvé nul capitaine digne, autant que du Guesclin, de prendre le commandement d'une forteresse aussi importante ! C'est que Charles connaissait Bertrand ; il avait dans sa fidélité et ses talents militaires une confiance aveugle, qui ne pouvait être plus dignement placée.

Outre le Mont-Saint-Michel, Saint-Pierre-Langers et Moyons complétaient le cercle de forteresses où du Guesclin devait soutenir la lutte contre les Anglo-Navarrais. Posté à l'extrême limite de la Bretagne et de la Normandie, il avait à faire face des deux côtés ; sa tâche demandait une vigilance peu commune.

Le Cotentin surtout était dans une situation désolante. Si près de l'Angleterre, cette belle presqu'île avait tenté sa convoitise, et maintenant que trois partis ennemis s'y donnaient rendez-vous, en quelque sorte, les habitants des villes et des campagnes vivaient dans une terreur continuelle : plus de sécurité pour eux. Que signifiaient les trêves, en effet, pour ces routiers sans foi ni loi, ne demandant que massacres, embuscades et combats ? Ce qu'on voulait, c'était le pillage, et, les uns après les autres, les trois partis s'y livraient : Français, Anglais, Anglo-Navarrais, pillaient sans relâche et rançonnaient sans pitié. Les moindres villages y passaient, et ceux qui ne pouvaient payer une rançon étaient mutilés ou emmenés captifs. Les marchands et les voyageurs pouvaient-ils, au moins, munis de passeports, voyager librement sur les routes ? Non certes, et quand la mort ne suivait pas la spoliation absolue, encore pouvaient-ils s'estimer fort heureux. On voyait parfois des paysans se joindre aux pillards, ou chercher une retraite dans les cavernes ou dans les bois.

L'histoire ne nous a pas conservé les faits d'armes de Bertrand dans ce poste difficile où il fallait être constamment sur la défensive ou prêt à prendre l'offensive. Nous savons seulement qu'un jour, le gouverneur étant absent de Pontorson, le fameux capitaine navarrais Bascon de Mareuil s'avança jusque sous les murs de la ville et mit le feu aux barrières ; l'alerte n'eut pas d'autre suite et, à sa rentrée, du Guesclin se promit de se venger. L'occasion lui en fut fournie quelques mois plus tard au siège de Melun.

II

Victime un instant de la faction démagogique, Charles V voit enfin la fortune lui sourire à la

mort d'Etienne Marcel, le prévôt des marchands
(31 juillet 1358). Rentré dans Paris, qu'il a dû
quitter momentanément, il peut y rétablir son autorité ; il lui reste maintenant à dégager les alentours
de la capitale, occupés par les troupes de Charles
le Mauvais.

Avant tout il lui faut assurer le cours de la Seine,
afin de laisser à Paris la liberté de ses approvision-
nements : la première place contre laquelle il doit
diriger son attaque est donc celle de Melun, défendue par un château très bien fortifié, et commandé
par le célèbre Bascon de Mareuil. Dans ce château,
trois reines sont venues chercher asile : Jeanne
d'Evreux, veuve de Charles le Bel, Blanche de
Navarre, veuve de Philippe de Valois et enfin
Jeanne de France, femme de Charles le Mauvais.

C'est le régent lui-même qui dirige l'attaque en
personne ; il s'est assuré le concours de ses meilleurs capitaines, aussi le gouverneur de Pontorson
est à ses côtés. C'est dans ce siège qu'il va conquérir
un de ses principaux titres de gloire.

Ecoutons le chroniqueur Cuvelier :

Aussitôt que le régent a terminé ses préparatifs,
il ordonne un assaut général. Les assiégeants sont
disposés sur deux lignes. Les arbalétriers et les
archers forment le premier rang ; ils sont munis de
pavois pour se garantir du trait. Derrière ceux-ci
se tiennent, pour les soutenir, les chevaliers et les

écuyers ; ils sont armés de lances et d'écus. Tous ces gens d'armes s'avancent dans un si bel ordre que c'est merveille de les voir. Ils descendent dans les fossés et s'approchent avec des échelles pour escalader l'enceinte du château ; mais ils sont aussitôt le point de mire des archers et des arbalétriers de la garnison dont les traits tombent sur eux « plus dru que la pluie en hiver. »

Le Bascon de Mareuil anime les assiégés par son exemple ; il soulève des pierres énormes et les lance sur les Français. Du Guesclin ne pardonne pas à ce Navarrais d'avoir voulu naguère s'emparer par surprise de Pontorson.

« — Ah ! Dieu ! s'écrie-t-il, dès qu'il l'aperçoit, enfin le voilà ! J'ai tant à cœur de le combattre que j'en oublierais le boire et le manger. Quel bonheur, si je lui pouvais enfoncer ma dague dans le corps ! »

Pendant que ses troupes tentent ainsi l'escalade, le régent, appuyé contre la fenêtre d'une maison voisine, observe avec anxiété toutes les péripéties de la lutte.

Le Bascon et les siens font pleuvoir une telle grêle de flèches, de carreaux, de pierres, que les Français, qui s'étaient approchés avec des échelles, reculent épouvantés.

« — Brigand, crie du Guesclin au Bascon, que ne puis-je te joindre ? Je le jure par le saint nom de

Dieu, ou je serai assommé au point que les médecins n'y pourront trouver guérison, ou j'irai aux créneaux te parler tête à tête ! »

En disant ces mots, Bertrand saisit une longue échelle, la pose sur son épaule et va la planter contre les remparts ; puis, se couvrant la tête de son écu, il commence à monter. A la vue de cet homme qui ose seul tenter l'escalade, Charles demande à ses gens :

« — Quel est celui qui ainsi monte là ?

— C'est Bertrand du Guesclin, lui répond un de ses conseillers, ce chevalier breton si renommé pour ses prouesses, qui a tant combattu ès guerres de Bretagne pour votre cousin Charles de Blois.

— Quel intrépide guerrier ! reprend le prince. Je me souviendrai de lui. »

Furieux des provocations de Bertrand, le Bascon de Mareuil se fait apporter les pierres les plus pesantes que l'on peut trouver, des poutres, des tonneaux pleins de cailloux.

« — Courage ! disent les assiégés. Ecrasez ce vilain qui monte ainsi à l'échelle. Regardez comme il est gros, court et carré, et comme il est enflé, parce qu'il porte des armes ! Dieu ! qu'il ferait bon le précipiter dans les fossés !... »

Sans s'émouvoir de ces insultes, Bertrand continue de monter à l'échelle ; il invite le Bascon à venir se mesurer avec lui, il se fait fort de lui prouver sa félonie. Mareuil saisit alors une grande caque remplie de cailloux, qu'un autre aurait eu peine à soulever, et la décharge sur son adversaire. Le choc est si violent que l'échelle se brise sous le poids, et Bertrand roule au fond du fossé la tête la première. Le régent, qui remarque l'incident, ordonne d'aller au secours du chevalier breton. Un écuyer, le prenant par les pieds, le retire de l'eau. Du Guesclin est tellement étourdi par la chute qu'il semble plus mort que vif.

« — Oh ! je vous en conjure, dit le prince à ses médecins en le voyant ainsi sans connaissance, sauvez-moi mon homme ! »

On emporte Bertrand et on le pose, pour le réchauffer, en un tas de fumier chaud où il ne tarde pas à recouvrer ses esprits.

« — Beaux seigneurs, demande du Guesclin aux amis qui l'entourent, dès qu'il est revenu à lui-même, comment va ? Avez-vous pris la forteresse ? Les assiégés se sont-ils rendus ?

— Non, répondent les chevaliers auxquels il s'adresse. On ne veut rendre Melun au régent qu'à une condition, c'est qu'il lève auparavant le siège et retourne à Paris.

— Par ma foi ! dit Bertrand, le prince n'y consentira pas. Retournons à l'assaut, et qui m'aime me suive ! »

Il prend à peine le temps de revêtir ses armes,

court aux barrières et s'avance jusqu'à un endroit
où les plus hardis n'ont osé aller. Il repousse les
assiégés, qui ont profité de sa mésaventure pour
faire une sortie, en tue plusieurs et les force à se
replier derrière leurs palissades. L'ennemi s'y ren-
ferme et lève le pont-levis. On sonne la retraite, et
la nuit vient mettre fin à la lutte.

Quelques jours après ce glorieux fait d'armes,
le capitaine de Pontorson revenait en Normandie
pour tenir tête à une nouvelle attaque des Anglais,
conduits par Edouard III en personne. Cette invasion devait amener la France à l'humiliant traité de
Brétigny (1360), qui cédait à l'Angleterre la Guienne
entière, le Limousin, l'Angoumois, l'Aunis, la
Saintonge, le Poitou, le Ponthieu et Calais. En
échange le roi Jean obtenait sa liberté moyennant
une rançon de trois millions d'écus d'or.

III

Une paix si chèrement achetée aurait dû au
moins être effective et durable : comment se fait-il
qu'il fallut encore se défendre les armes à la main ?
Abandonnés par les rois de Navarre et d'Angleterre

qui n'avaient que faire d'eux après le traité de Brétigny, les chefs de bandes au service de ces princes n'avaient point congédié leurs troupes. Elles continuaient à vivre aux dépens des provinces qu'elles parcouraient. Priées par Edouard III de se licencier, elles se contentèrent de quitter ses domaines pour passer sur les terres du roi de France qu'elles achevèrent de ruiner.

Bertrand du Guesclin les poursuivit sans trêve ni relâche. Appelé par les ducs d'Anjou, d'Orléans et d'Alençon à défendre leurs Etats, pendant quatre années il ne cessa de parcourir la Normandie, la Bretagne, le Maine et l'Anjou, rassurant les populations par sa présence, surprenant les châteaux, les enlevant d'assaut, et châtiant rudement les brigands de leurs méfaits.

Pour le récompenser de ses exploits, le roi de France lui donne le château et le domaine de la Roche-Tesson, situé entre Avranches et Saint-Lô.

Voilà donc Bertrand grand seigneur; ce n'est plus un simple chevalier servant sous la bannière d'un autre, il a son étendard personnel sous lequel il rallie ses hommes ; c'est un *banneret*, et certes, il n'en est pas peu fier. Le roi pouvait-il mieux placer ses faveurs? Cependant, le nouveau seigneur a gardé envers tous la même simplicité, la même bonhomie. Comme il sied aux âmes bien nées, plus il sera comblé de faveurs et de titres, plus sa réputation croîtra, plus aussi il sera secourable aux pauvres gens, doux et tendre aux petits.

Dès ce moment le nouveau seigneur de la Roche-Tesson sera plus intéressé que personne à la défense de la Normandie, plus attaché que jamais à la personne de son roi : Charles a voulu récompenser la bravoure, il s'est conquis un fidèle de plus.

Le sire de la Motte-Broons, capitaine de Pontorson, seigneur de la Roche-Tesson, en était là de ses exploits, quand il songea à réaliser un rêve conçu depuis longues années déjà. On se rappelle l'admiration enthousiaste que les exploits de du Guesclin avaient excitée dans le cœur de la belle Tiphaine Raguenel. Depuis le siège de Rennes ce sentiment avait pris une expansion plus forte, bien que le fils de Jeanne Malemains jouît d'une réputation aussi incontestée pour ses désavantages physiques que pour ses talents militaires. La jeune damoiselle ne voit son héros qu'à travers l'auréole glorieuse qui le transfigure.

Au reste, ses parents sont loin de la détourner de cette union ; comme les du Guesclin, les Raguenel sont les fidèles défenseurs de la fortune de Charles de Blois : et le prince lui-même favorise une alliance qui lui assure des serviteurs de plus en plus dévoués. La cérémonie nuptiale a donc lieu au milieu d'un grand concours de noblesse ; on donne des festins et des tournois, des courses de bagues et autres exercices militaires : toute la ville de Pontorson fête son gouverneur et du Guesclin ne songe qu'à goûter une joie qui, jusqu'à la fin, restera sans mélange.

Tiphaine Raguenel se montra toujours femme fidèle, aimante, jalouse de la gloire de son mari. Pendant que son époux guerroyait au loin, elle se consolait de son isolement en s'adonnant à l'astrologie.

Elle prétendait lire dans les astres la destinée de son époux : une tour de son château de Pontorson, une maison toute proche de la célèbre abbaye lui servaient d'observatoire pour ses études d'astrologie. La chronique raconte qu'elle réussit à prédire ce que l'avenir réservait de succès ou de revers au grand capitaine auquel son cœur s'était donné. Malgré ces preuves touchantes d'amour, du Guesclin n'ajouta jamais foi, et il n'avait pas tort, à ces prédictions plus ou moins exactes.

Du Guesclin ne songeait qu'à jouir de son bonheur, lorsqu'il fut troublé dans son repos par un pénible incident. Quelques semaines avant son mariage, Charles de Blois et Jean de Montfort avaient conclu une trêve et s'étaient, selon la coutume, donné mutuellement des otages. Du Guesclin avait été choisi par son prince comme capable de lui rendre ce service, et il s'était plié à cette exigence : un mois durant il avait sacrifié sa liberté à la condition expresse de rentrer à Pontorson, le mois écoulé. Les choses s'étaient ainsi passées, quand, le 24 novembre 1363, Bertrand reçut d'un chevalier anglais, nommé Guillaume de Felton, un cartel qui l'accusait d'être déloyalement sorti de prison. Le chevalier soutenait que Bertrand avait promis de rester otage, non pas un mois seulement, mais jusqu'à ce que la ville de Nantes eût été livrée par Charles de Blois à Jean de Montfort; ceci, Felton se déclarait prêt « à le prouver par son corps », c'est-à-dire les armes à la main.

Sans nul doute, du Guesclin va répondre à cet insultant défi, combattre son adversaire et le châtier de belle façon. Eh ! bien, non : les temps ont changé : l'âge, le sentiment d'une responsabilité écrasante, les ordres du Dauphin, peut-être, qui estime trop haut la vie d'un tel serviteur pour l'exposer pour un futile motif, toutes ces raisons arrêtent le capitaine breton, et c'est devant le Dauphin que se traitera l'affaire.

Mais ce ne sera pas un simple jugement à huis clos : Charles veut donner à son dévoué serviteur un témoignage de son estime, et donnera à dessein une grande solennité à ce débat d'où dépend l'honneur de Bertrand. Le mardi de la mi-carême, le 27 février 1364, il préside lui-même une séance solennelle; ses pairs l'assistent, son Parlement l'entoure, les plus nobles barons du royaume sont présents. Et, pour qu'aucun éclat ne manque à la céré-monie, un grave personnage, un souverain, est assis à ses côtés : c'est Pierre, roi de Chypre, vain-queur des Sarrasins. Le roi pouvait-il trouver une meilleure occasion de prouver à tous le cas qu'il faisait de la parole de du Guesclin ?

Les avocats ont la parole, et les débats durent trois longs jours. Au bout de ce temps, le jeudi, 29 février, l'arrêt de la Cour est rendu : l'innocence de du Guesclin est hautement proclamée.

Au moment où Bertrand gagne ainsi son procès contre Felton, le dauphin et le roi de Navarre s'apprêtent à vider, dans les plaines de la Nor-mandie, un débat où le sort de la France est de nouveau en jeu et confié à la vaillance de l'épée de du Guesclin.

CHAPITRE IV

Guerre de Normandie. — Victoire de Cocherel.

Prise de Mantes et de Meulan. — Charles V. — La Bataille.

I

L'un des meilleurs effets du traité de Brétigny avait été de rétablir la paix entre les rois de France et de Navarre ; mais avec l'humeur de Charles le Mauvais toute paix devenait une trêve de courte durée.

Dès 1361, ce prince prenait prétexte de la mort du duc de Bourgogne pour revendiquer ce duché que le roi Jean venait de rattacher à la couronne. Comme par le passé il se prépare à appuyer ses prétentions en s'assurant le secours de l'Angleterre et celui des pillards toujours prêts à offrir leur épée. Edouard III lui envoie le fameux Jean Jouel et le non moins célèbre Jean de Grailly, captal ou seigneur de Buch.

C'est la Normandie qui devient le théâtre de leur brigandage ; Jean Jouel ravage les bords de la Seine et s'empare de la haute tour de Rolleboise près de Mantes d'où il répand la terreur à dix lieues à la ronde. Le captal, soldat énergique et gentilhomme accompli, prend le commandement de toutes les forces navarraises.

A un tel chef la France n'a que du Guesclin à opposer : sur l'avis du dauphin, celui-ci, avec une promptitude et une fermeté qui déroutent les Navarrais, se met en campagne et assiège la redoutable tour de Rolleboise. Tandis qu'il y déploie une énergie qui semble peu couronnée de succès, ordre lui arrive d'abandonner ce siège et de s'emparer sur-le-champ, par force ou par ruse, des deux places fortes de Mantes et de Meulan, occupées par les troupes du roi de Navarre.

Bertrand est depuis trop longtemps au courant de la guerre d'embuscades et de surprises pour ne pas obéir avec empressement aux ordres du dauphin. Il a bientôt arrêté son plan.

Laissant une partie de ses troupes devant Rolleboise, comme pour en continuer le siège, il part avec le reste, de nuit, pour dissimuler sa marche ; aux environs de Mantes, il dispose ses compagnons, les dissimulant dans les bois, et, avec cent vingt d'entre eux seulement, il se cache à l'entrée de la ville, guettant l'ouverture des portes dès l'aube du lendemain. A peine le pont-levis est-il abaissé, qu'il s'élance à la tête de son avant-garde, poussant son terrible cri de guerre : Notre-Dame Guesclin ! Aussitôt, toute sa troupe, qui n'attendait que ce signal, se rue dans la ville et massacre les habitants ; peu ont le temps de s'enfuir, remontant à force de rames jusqu'à Meulan.

Malheureusement, le pillage ne cesse pas ; ces avides Bretons attendent leur solde, que la pénurie du trésor a forcé de suspendre, et ils n'auraient garde de laisser échapper une si belle occasion de se payer eux-mêmes. Ce n'est que vers le soir, quand il n'y a plus de biens à prendre, plus d'habitants à outrager, que leur chef peut les faire rentrer dans l'ordre. D'autres petites villes des environs de Mantes, des châteaux voisins sont également pris, et les mêmes scènes de désordre se reproduisent : ce sont les mœurs militaires de l'époque, et aucunes troupes n'en sont exemptes, même les armées royales. Meulan est cerné à son tour, quelques jours après ; il capitule immédiatement et subit également ment le pillage obligé.

II

Ces succès arrivaient à point pour saluer l'avènement du nouveau roi qui montait sur le trône de France. Jean II qui en 1363 était retourné à Londres se reconstituer prisonnier à la place de son second fils, incapable de tenir sa parole, Jean II venait de mourir en Angleterre; et le dauphin — sous le nom de Charles V qu'il devait illustrer — apportait à la France l'appui de son génie calme et patient.

Une des causes de succès de la politique de ce prince fut de comprendre l'importance du rôle que du Guesclin pouvait jouer pour le relèvement et la libération du royaume. Il avait donc à peine pris possession du trône qu'il se rendit auprès de son précieux capitaine, le félicita d'avoir si bien rempli ses ordres, et le récompensa de ses derniers exploits.

Avec lui il parcourut la basse Normandie pour se concerter sur les meilleurs moyens d'exterminer les troupes navarraises, et ce n'est qu'ensuite qu'il revint à Paris pour célébrer les funérailles de son père et s'occuper de son couronnement.

La campagne était donc parfaitement engagée pour les armes françaises : la Seine était dégagée et l'ennemi n'y occupait plus que le château de Vernon. Les Navarrais cependant ne perdaient pas espoir ; le captal de Buch grossissait chaque jour le nombre de ses troupes en faisant appel à tous les aventuriers disponibles. Son armée comptait des chefs redoutés, tels que le Bascon de Mareuil et Jean Jouel, et au fond il se croyait sûr du succès. Déjà même dans un festin donné au château de Vernon, les reines Jeanne et Blanche de Navarre, veuves de Charles IV et de Philippe VI, célèbrent sa victoire par avance.

Au reste tout s'unit pour le triomphe et un héraut du roi d'Angleterre vient le prévenir des mouvements de l'armée de du Guesclin.

— Monseigneur, lui dit le héraut, que l'on appelait Faucon, ce matin même j'ai vu le camp des Français ; ils vous cherchent aussi, et ont, je pense, grand désir de vous trouver.

— Mais, reprend le captal, où sont-ils ? Au delà de Pont-de-l'Arche ou en deçà ?

— Ils ont passé Pont-de-l'Arche, sire, répond Faucon ; ils ne doivent pas être loin de Pacy.

— Sont-ils nombreux, dis-le moi, Faucon ? Quels capitaines ont-ils à leur tête ?

— Ma foi, il y a bien quinze cents combattants, et tous braves. Comme chefs, je vois Bertrand du Guesclin et sa compagnie de Bretons, le vicomte de Beaumont, le comte d'Auxerre et d'autres. Il y a aussi des hommes d'armes de Gascogne.

— Faucon, est-ce bien vrai, ce que tu me dis ? reprend le captal rouge de colère ; des chevaliers de Gascogne sont vraiment là ?

— Sire, dit le héraut, je vous jure que oui.

— Eh bien ! soit, s'écrie le captal en se tenant la tête à deux mains, soit, Gascons contre Gascons se battront. Mais où est donc le sire d'Albret ? ajoutet-il au bout d'un instant.

— Sire, il est à Paris auprès du nouveau roi ; on

dit partout que Charles va se rendre à Reims, et que dimanche il y sera sacré et couronné.

— Ah ! si Dieu et saint Georges nous voulaient bien aider, je pourrais prendre les devants sur son couronnement. »

Instruit que du Guesclin a passé la Seine, mais ne sachant s'il menace Vernon, Evreux ou Pacy, le captal prend le parti le plus sage ; il cherche la position qui lui permettra de courir au secours de la première place attaquée. En conséquence, il fait camper ses troupes sur les pentes d'une colline escarpée qui domine le village de Cocherel, situé sur la rive droite de l'Eure, à l'endroit où un pont reliait alors les deux tronçons d'une ancienne route allant de Vernon à Evreux.

Placé à peu près à égale distance des trois forteresses susceptibles de lui envoyer des secours, le captal a choisi ses positions en capitaine consommé ; pour renforcer son armée, il se fait envoyer par le capitaine d'Evreux un renfort de cent vingt jeunes gens de la ville.

De leur côté les Français prennent toutes leurs précautions. Du Guesclin a de nombreux éclaireurs qui le tiennent au courant des mouvements des Navarrais ; instruit de leurs positions il vient s'établir près de l'Eure. *Les deux armées ne sont séparées que par le cours de cette rivière*, et de part et d'autre on se prépare à la bataille du lendemain.

Les Navarrais sont divisés en trois corps : le premier commandé par Jean Jouel, le deuxième par le Bascon de Mareuil et celui du centre par le captal en personne. Du côté des Français, on tient un grand conseil ; il s'agit d'assurer l'unité du commandement ; on offre au comte d'Auxerre de prendre la tête de l'armée à raison de sa haute noblesse. Cet homme d'un grand mérite, mais aussi d'une modestie égale, ne veut pas usurper un honneur qui ne convient qu'à Bertrand du Guesclin.

On accepte donc d'un commun accord le cri d'armes de Bertrand : *Notre-Dame ! Guesclin !* et l'on décide que lui seul aura le droit de se faire obéir de tous avant et pendant l'action.

III

A peine investi du commandement en chef par la confiance de ses pairs, du Guesclin ne perd pas un moment. De la rive gauche de l'Eure, où il campait, il passe sur la rive droite et provoque le captal, mais inutilement. Celui-ci trouve la position bonne ; *du haut de la colline où il s'est retranché, il nargue* l'ennemi et le défie de venir l'y surprendre.

Du Guesclin, du reste, voit bien la difficulté de

chasser l'ennemi d'une position inexpugnable ; mais la journée s'avance, les Français ont à supporter la chaleur et la faim : il faut à toute force tenter l'impossible, il faut faire abandonner leurs positions aux Navarrais.

Il y parviendra par la ruse : donnant à ses gens l'ordre de battre en retraite et de repasser la rivière, comme pris d'une panique subite, il excite les instincts belliqueux de l'ennemi. Jean Jouel, en effet, croyant que les Français s'enfuient, veut les poursuivre.

« — Sire, dit-il au captal, hâtez-vous de poursuivre ces Français. Ne les voyez-vous pas s'enfuir ? »

Mais le captal, plus avisé :

« — N'en croyez rien, c'est une ruse, et ils veulent nous attirer. »

Malgré tout, Jean Jouel, brûlant de combattre, s'élance à la poursuite des Français au cri de : Saint Georges ! En avant ! Le captal, tout en blâmant intérieurement la fougue imprudente de Jouel et son obstination, abandonne enfin ses positions en disant :

« — Eh bien, Jean Jouel ne se battra pas sans moi. »

C'était tout ce que voulait du Guesclin. La colline abandonnée, les Français font volte-face, et, dès lors, il faut livrer bataille. Le cri : Notre-Dame ! Guesclin ! rallie les fidèles soldats de Bertrand,

qui font des prodiges de valeur. Jouel est fait prisonnier.

Mais déjà les Français n'ont plus la même ardeur ;

Bataille de Cocherel. — C'est un escadron composé d'environ
deux cents Bretons

peu à peu, ils abandonnent du terrain aux ennemis ;
plusieurs chefs sont tués en essayant d'enfoncer les
lignes de l'ennemi. Tout à coup, derrière l'armée du
captal, on entend un galop de chevaux : les Navar-

rais sont cernés par une troupe de deux cents Bretons, réserve d'élite à qui du Guesclin réservait l'honneur de décider de la victoire.

Dès lors, l'issue de la bataille n'est plus douteuse : cet habile mouvement tournant et cette charge impétueuse ont changé la face des choses, Jean de Grailly s'efforce en vain de soutenir, avec ses soldats épuisés, une lutte désormais inégale. Bascon de Mareuil, chargé par le captal de la garde de son pennon, se fait tuer en défendant ce dépôt sacré.

En quelques heures, c'est une défaite complète pour l'armée navarraise ; elle s'enfuit en désordre. Les principaux chefs des compagnies sont faits prisonniers. Quant au captal, avec le courage du désespoir et entouré seulement de quelques hommes d'armes, il s'obstine à la résistance. Enfin lorsque, renversé par terre, il ne peut plus combattre, malgré son énergie, c'est à un écuyer breton qu'il se rend : les soldats de du Guesclin avaient provoqué son admiration.

Les vainqueurs poursuivent les fuyards dans toutes les directions jusqu'à plusieurs lieues de Cocherel. Le soir de cette grande journée, l'armée de Charles le Mauvais est, on peut le dire, anéantie. Pendant que du Guesclin a perdu à peine trente ou quarante hommes d'armes, les vaincus déplorent la perte de plus de huit cents combattants.

Le vainqueur envoie immédiatement à Charles V deux messagers pour lui porter cette bonne nouvelle : le monarque qui s'est mis en route pour Reims est déjà aux portes de la ville où il doit être couronné quand il apprend l'heureuse fortune de ses armes. Le jeune roi se jette à genoux et rend grâces au ciel de la victoire qui inaugure son règne.

Le lendemain du sacre, Charles V prend le chemin de Paris et son premier soin est de demander à son conseil quelle récompense il va décerner au vainqueur de Cocherel. Le vaste et riche comté de Longueville en Normandie a été confisqué à la maison de Navarre ; c'est un établissement princier qui embrasse un grand nombre de villages.

Le roi investit Bertrand du Guesclin de ce comté et par ce seul fait lui donne un rang égal à celui d'un prince du sang.

Du pauvre seigneur des landes bretonnes, la reconnaissance royale faisait un comte puissant, et c'était justice, pour récompenser la rude guerre livrée à nos ennemis. Mais l'avenir lui conférera des honneurs plus grands, en retour des services éminents qu'il va rendre encore, et l'ensevelissement royal que lui réserve son prince couronnera dignement les témoignages d'estime dus au futur connétable.

CHAPITRE V

Guerre de Bretagne. — Bataille d'Auray.

Charles de Blois. — La Bataille. — La Paix.

I

Le comte de Longueville ne s'endormait pas dans les honneurs; la bataille de Cocherel avait eu lieu le 16 mai 1364, dès le mois suivant il mettait son épée au service de Charles de Blois qui venait d'engager une lutte nouvelle contre son rival Jean de Montfort.

Celle-ci allait être la dernière : jusque-là, tous les pourparlers, toutes les trêves n'avaient abouti à aucun résultat sérieux. Des deux côtés on était lassé d'un état de choses qui se prolongeait indéfiniment; on souhaitait une action décisive. Elle ne se fit pas attendre.

A la tête de trois mille hommes, Jean de Montfort avait mis le siège devant Auray, petite place au-delà de Vannes, seule possession française dans cette région, et par conséquent incapable de soutenir une lutte sérieuse si l'on ne se hâtait de la secourir. Or, à cette époque, Charles de Blois se trouvait à Guingamp où il s'occupait de rassembler ses forces.

Ce prince qui était un soldat incomparable, d'une bravoure sans égale, manquait totalement des qualités d'un chef d'armée.

Il eût certes mieux fait dans les rangs de l'armée qu'à sa tête, ne sachant ni ordonner ses troupes, ni lutter de ruse avec l'ennemi. C'était un hardi combattant, n'hésitant pas à se jeter au plus fort de la mêlée, mais en aveugle, en imprudent, incapable de coordonner les mouvements d'une troupe, lors même qu'un ensemble d'opérations eût assuré la victoire.

Mais de plus, chose rare et qui suffirait à lui gagner le cœur des Bretons, ce soldat était un saint.

L'histoire raconte de lui des faits fort édifiants. Dès son jeune âge, il est attiré par une piété des plus tendres et par la lecture des livres saints, si bien que son père, le comte de Blois, dit un jour : « Il ne fait que rêvasser sur ces bouquins ; il faudra bien que je les lui enlève. »

C'est un homme de lettres et un écrivain : il sait par cœur la légende dorée, et il est fier d'avoir écrit, lors de sa captivité en Angleterre, une vie de saint Yves, ce grand patron de son pays.

C'est un saint aussi ; les seigneurs de sa suite, qui ne comprennent rien à ses nobles aspirations, lui font un reproche de vivre bien plus comme un religieux que comme un prince. Il s'impose, il est vrai, des mortifications que d'austères moines ne connaissent pas : il couche toujours sur la paille, à côté du lit moelleux où repose sa femme ; il porte un cilice, même sous son armure, se ceint le corps de cordes à nœuds qui lui entrent dans la chair, introduit à dessein dans ses chaussures de petits cailloux qui le blessent.

Mais, s'il est cruel ainsi pour lui-même, sa charité pour les pauvres est admirable et sans bornes : toutes les infortunes ont droit de cité devant lui ; il fait instruire les enfants pauvres qui lui semblent heureusement doués, il marie les orphelines pauvres, et trouve des consolations pour toutes les peines.

Le droit et la justice sont absolus pour lui, et quiconque ose y porter atteinte est sévèrement repris. Un jour, quelqu'un de sa cour, croyant lui être agréable, met en doute la bonne foi de son compétiteur. Et Charles de répondre aussitôt :

— « Mon adversaire croit à son bon droit comme je crois au mien ; chacun défend sa cause, qui lui semble juste. D'ailleurs, Jean de Montfort est du sang de Bretagne : lui faire injure, c'est s'attaquer à moi ; ne tenez plus à l'avenir pareil langage. »

D'après ce même esprit de justice, il est aussi attentif à respecter les droits dont ses vassaux sont investis par la constitution féodale, qu'énergique à revendiquer les siens propres. S'il a un jugement à rendre, ce ne sera point de sa propre autorité, mais il prendra l'avis de ses barons et des notables de son domaine.

Son attachement est sans bornes, sa reconnaissance touchante pour ceux qui se sont dévoués à sa cause. Il prend soigneusement note des anniversaires des combats livrés, et ces jours-là, il fait célébrer un service solennel pour les braves morts au champ d'honneur.

Mais, en dépit de toutes les vertus de ce noble caractère, Charles de Blois manque des qualités pratiques indispensables à son rôle de compétiteur. Son imprévoyance laisse échapper des avantages dont profite son adversaire. La lenteur avec laquelle il se porte au secours d'Auray, donne à Montfort le temps de s'emparer de cette place : quand du Guesclin se met en campagne, les Anglais en sont déjà maîtres.

Cependant lorsque, aux derniers jours de septembre, Charles s'avance à travers la Bretagne, escorté du vainqueur de Cocherel, des comtes de Joigny et d'Auxerre et de la meilleure part de la noblesse bretonne, le prince peut avoir confiance dans ses forces et escompter la victoire.

Il est vrai que l'armée de Montfort est commandée par Jean Chandos, gentilhomme anglais, un des guerriers les plus remarquables de ce siècle. Ce général, ami et compagnon d'armes du prince

Noir, le vainqueur de Poitiers, a contribué d'une manière particulière aux succès de ce héros, autant par ses conseils que par son intrépidité. Il occupe dans le parti de Montfort la place que du Guesclin tient dans celui de Blois : on lui accorde la même valeur, une prudence aussi consommée, mais ses vertus sont loin d'être à la hauteur de celles du chevalier français : son âme est fermée à tout autre sentiment que celui de l'ambition. Montfort, jeune et sans expérience, était heureux de trouver pour son armée un chef aussi sûr.

Malheureusement, loin d'imiter son rival, le comte de Blois, craignant de blesser l'amour-propre de ses barons, garda pour lui le commandement suprême, au lieu de le confier au vainqueur de Cocherel, qui pouvait d'autant mieux y prétendre qu'il amenait un renfort sans lequel le prince Charles n'eût pu engager la lutte.

II

Le 29 septembre, aux premières lueurs du jour, les deux armées sont en présence, séparées seulement par un cours d'eau qui se grossit à l'heure de la marée.

« Au lever du soleil, dit Cuvelier, on ouit les cors et les trompettes sonner, on vit les gens se vêtir et endosser maint haubert, ceindre mainte épée ; tous ces guerriers étaient armés de pied en cap. »

Des deux côtés les forces sont divisées en trois corps : Charles de Blois dirige le centre, il confie l'aile droite au comte d'Auxerre et donne le commandement de l'aile gauche au vaillant du Guesclin qui a réuni tous ses fidèles Bretons. Une faible réserve est sous les ordres des barons de Rieux, de Retz et de Tournemine.

Du côté de Montfort on trouve également trois corps principaux : pendant que Chandos prend la direction du centre ; il donne le commandement de l'aile droite à Robert Knolles, soldat de fortune à qui sa valeur a déjà conquis la célébrité ; et l'aile gauche est confiée à Olivier de Clisson, jeune seigneur breton que son ardeur au carnage a fait surnommer le boucher des Anglais. La réserve est sous les ordres de Hugh de Calverly.

Les deux armées renferment des guerriers d'une égale vaillance et si le nombre est du côté de Charles de Blois, l'ordre et la discipline viennent renforcer les troupes de Montfort. De quel côté va donc pencher la victoire ?...

On l'ignore et chacun hésite à engager le combat. Chandos a déjà dit aux siens :

« — Laissons les Français commencer : car bien souvent il mésarrive à qui assaille le premier. »

Du Guesclin est de même avis, mais le comte d'Auxerre ne peut contenir l'impatience de ses troupes, il franchit le ruisseau et voilà la bataille qui s'engage.

Tout d'abord Auxerre est vainqueur et l'adversaire ne peut résister à la fougue de son attaque ; les bannières chargées d'hermines volent dans l'air et l'on entend de toutes parts retentir le cri de ralliement : *Bretagne au riche duc.* Le comte accomplit des prodiges de valeur et pense à lui seul décider du sort de la journée, mais dans la mêlée un archer s'avance jusqu'à lui et lui crève l'œil droit d'un coup d'épée.

Cette blessure suffit à changer en un instant la face du combat : aveuglé par le sang qui remplit sa paupière, Auxerre ne peut plus diriger son attaque. Ses troupes faiblissent et reculent devant l'ennemi et bientôt l'infortuné comte tombe au pouvoir de Chandos.

Les cris des Anglais annoncent ce malheur et achèvent de jeter la déroute dans les rangs des Bretons : toute l'aile droite est écrasée avant que Charles de Blois ait le temps d'accourir à son secours.

Et maintenant c'est au tour du duc de Bretagne de supporter le choc. Fatigué par une longue guerre, il a résolu d'en finir et cherche tous les moyens de se mesurer corps à corps avec son rival. Il croit l'apercevoir dans la mêlée et Jean de Montfort n'est pas homme à déserter la lutte.

Voilà donc les deux compétiteurs en présence : l'heure est solennelle et il semble qu'autour d'eux tout fasse silence ; la bataille est suspendue ou plutôt l'issue dépend du combat singulier qui s'engage et d'où dépendent la vie et l'avenir d'un peuple.

Charles de Blois s'est recueilli, il invoque le Dieu des armées et ce qu'il appelle son bon droit et la justice de sa cause ; puis d'un bond furieux il se précipite sur son adversaire et d'un terrible coup de hache abat la tête de Montfort.

Un cri de triomphe accueille cet exploit ; des frémissements de joie parcourent les rangs de l'armée de Charles qui s'étonne à bon droit du sang-froid des gens de Montfort. Ceux-là en effet triomphent secrètement : ils ont employé un stratagème qui a parfaitement réussi.

L'adversaire terrassé par le duc de Bretagne n'est que l'écuyer de Montfort couvert de l'armure de son maître ; mais le véritable Montfort vit encore et le voilà qui s'avance au milieu des siens pour provoquer à son tour Charles épuisé par une première lutte.

Ce prince infortuné ne perd pas courage : faisant un appel à tous ses fidèles Bretons il essaie de supporter le choc de l'armée de Chandos. Le combat recommence plus violent que jamais. La mêlée est épouvantable ; les plus vaillants s'attaquent, se renversent, se tuent sans quartier.

Rieux arrive avec sa réserve et semble un instant donner la supériorité au parti de Charles, mais alors interviennent les renforts d'Hugh de Calverly et bientôt la confusion se répand dans les rangs des Français : Charles a perdu son assurance, il voit la victoire lui échapper. Trois fois il tombe aux mains des Anglais, trois fois ses gens parviennent à le dégager : mais sous les coups la visière de son casque se brise et il reste le visage découvert.

Un Anglais en profite pour lui enfoncer son épée dans la bouche ; et le malheureux prince tombe frappé à mort. Il a encore assez de force pour murmurer :

« Dieu, pardonnez-moi la mort des braves gens qui meurent pour moi. »

Et à son tour il expire sous les coups. Ainsi périt Charles de Blois, ce capitaine qui portait un cilice sous sa cuirasse et qui n'en était pas moins intrépide.

Pendant qu'il succombe avec gloire, le visage tourné contre l'ennemi, il voit les siens se lamenter et fuir dans un regrettable désordre : seul, du Guesclin a gardé sa vaillance et s'apprête à résister aux trois divisions anglaises réunies.

Dans un dernier appel à ses fidèles compagnons d'armes, il voit se serrer autour de lui Guillaume Boitel, Eustache de la Houssaye et Guillaume de Lannoy, tous les amis des jours de gloire. Autour de ces braves il se fait un carnage horrible : on voit voler, disent les chroniques, têtes, bras et jambes. Le maillet de fer de du Guesclin promène la mort dans les rangs de l'ennemi : un instant les gens de Chandos parviennent à le renverser de sa monture, mais Louis de Châlons, Charles de Dinan et le maréchal de Beaumanoir parviennent à le dégager.

Il est vrai que c'est au prix de leurs vies et à chaque minute le cercle des défenseurs se rétrécit autour de Bertrand : celui-ci appuyé à un monceau de cadavres ne perd rien de son air menaçant et Chandos lui-même, qui ne peut s'empêcher d'admirer sa valeur, donne l'ordre de ne plus frapper sur le Breton.

Du plus fort de sa voix il lui crie :

« — Rendez-vous, messire Bertrand puisque la journée n'est pas vôtre. »

Un instant encore du Guesclin continue la lutte ; enfin voyant sous ses yeux succomber tous les siens, il jette son épée à Chandos en frémissant de rage.

Ainsi se compléta la victoire de Jean de Montfort et la défaite du parti breton. Le soir de la bataille, Chandos dit au comte de Montfort : « Louez Dieu

Messire Bertrand, soumettez-vous, la journée n'est pas vôtre.

et faites bonne chère, car vous avez aujourd'hui conquis l'héritage de Bretagne ! » Il ne se trompait pas.

III

L'armée de Charles de Blois est donc complètement détruite. Montfort parcourt le champ de bataille, il rencontre le corps de son adversaire criblé de blessures et horriblement mutilé. La vue de ce terrible spectacle lui arrache des larmes, mais Chandos qui n'est sensible qu'à la victoire, l'entraîne et change le cours de ses pensées.

Le duc de Bretagne fit cependant recueillir pieusement les restes de son rival et plus tard il érigea une chapelle à l'endroit où il était tombé. Quelle journée néfaste que cette bataille d'Auray ! Jamais coup plus terrible n'avait frappé la fière Jeanne de Penthièvre, qui voyait en un seul jour son armée détruite, son mari tué, deux de ses fils prisonniers en Angleterre et le troisième, encore enfant, incapable de rétablir ses affaires. Son courage cependant n'était pas encore abattu ; elle voulait recommencer la guerre, mais tous les chefs de son parti avaient à peu près disparu.

Du Guesclin lui-même gisait dans les fers, prisonnier de son vainqueur Chandos, et donnant toujours, il est vrai, l'exemple de la magnanimité et de la plus haute noblesse de caractère...

Cependant Charles V ne pouvait se désintéresser du malheur de son allié ; par d'habiles négociations il réussit à conjurer les conséquences fâcheuses du désastre d'Auray ; il traita de la paix avec Jean de Montfort et à la fois avec Charles le Mauvais qui avait profité de la lutte pour reprendre la guerre en Normandie.

Après la victoire de Cocherel, la partie avait paru belle pour le roi de France ; mais le désastre d'Auray venait en contrebalancer les avantages. Cependant, Charles n'eut pas à se plaindre : des deux traités signés, il retira honneur et profit. A Guérande, il reconnut, il est vrai, Montfort comme duc de Bretagne, mais le nouveau vassal devait promettre fidélité et prêter hommage au roi de France ; quant à la veuve de Charles de Blois, elle gardait le comté de Penthièvre, dont elle portait le nom, et le vicomté de Limoges, héritage de son aïeul. Faute d'héritiers légitimes, la belle province de Bretagne faisait retour à ses descendants.

Avec Charles le Mauvais, il avait signé le traité de Paris : le roi de Navarre perdait Mantes, Meulan,

Longueville, etc., et acquérait en retour la seigneurie lointaine de Montpellier.

En résumé, ce règne s'ouvrait par des succès incontestables, et la pacification dés deux belles provinces de Normandie et de Bretagne ôtait à l'Angleterre des prétextes de guerre, promettait au moins une longue trêve.

Mais une autre tâche incombait à la couronne : chasser du royaume les compagnies qui le pillaient et y rendaient tout ordre impossible. L'entreprise eût été impossible, mais, avec Bertrand, tout changeait, et Charles osa se confier en lui pour cette tâche difficile.

Son premier soin fut donc de chercher à le délivrer. Edouard III, fatigué de la guerre, y consentit; mais, connaissant la valeur de son prisonnier, il exigea une rançon monstrueuse : elle s'élevait à cent mille livres, c'est-à-dire à plusieurs millions de notre monnaie actuelle. Seules, celles du roi Jean et Charles de Blois avaient été plus élevées. Charles V paya sans réclamation et, comme le fait remarquer un chroniqueur en son style naïf, *ce n'était pas de l'argent mal placé.*

CHAPITRE VI

Bertrand du Guesclin délivre le Royaume des Grandes Compagnies.

Excès des Grandes Compagnies.
Pierre le Cruel et Henri de Transtamarre. — Marche vers l'Espagne,

I

La paix était conclue : la Bretagne et la Normandie pacifiées, il semblait que la France n'avait plus qu'à réparer ses pertes sous le gouvernement du roi sage que la Providence appelait à la gouverner. Mais le fléau de la guerre laissait derrière lui des blessures qui ne pouvaient se refermer si vite.

Les compagnies qui avaient pris une part si importante aux luttes qui venaient de se terminer, évacuèrent la Normandie et la Bretagne, mais elles ne trouvèrent pas de meilleur parti à prendre que d'envahir les territoires du centre et de se répandre dans la Bourgogne, le Nivernais, le Bourbonnais, le Lyonnais et l'Auvergne. Ainsi cantonnés dans les meilleures provinces de France qu'ils appelaient *leur chambre*, ces hommes de toute nation qui venaient de se combattre les uns les autres s'agglomérèrent pour former une association gigantesque, dont la force était la seule loi.

Puissants par le nombre, ils l'étaient aussi par l'audace et l'habileté et comptaient des chefs tels que Hugh de Calverly, le Bascot de Mauléon et le Gascon Séguin de Badefol. Ces chefs, disposant de compagnies nombreuses, sur lesquelles ils avaient exercé durant la guerre une influence souveraine, éprouvaient de la répugnance à entrer dans une condition ordinaire : habitués à la vie indépendante et à la licence des camps, ils gardaient pendant la paix leurs mœurs militaires et barbares. « Ils brûlaient les églises, massacraient les prêtres, outrageaient les religieuses et transformaient les abbayes en lieux d'orgie et de débauche. »

Leurs ravages devinrent si effrayants qu'on fit des prières publiques pour demander au ciel l'expulsion de ces brigands. Fuyant devant les hordes dévastatrices, les paysans se réfugiaient dans les villes qui n'avaient plus de place pour les contenir et ne tardaient pas à tomber elles-mêmes en leur pouvoir.

Ils en étaient arrivés à prélever les impôts à leur profit et à s'approprier le péage des rivières : c'étaient leurs préposés qui administraient les provinces. Maîtres de plusieurs forteresses, ils avaient établi leur quartier général à Châlons-sur-Saône, d'où ils se répandaient dans toutes les campagnes : les gouverneurs royaux étaient obligés de leur racheter à prix d'or les châteaux qu'ils surprenaient et qu'ils ne rendaient qu'au moyen de rançons fabuleuses.

Les armées régulières n'étaient pas toujours suffisantes pour les contenir; le maréchal d'Audrehem se vit obligé de signer avec eux un humiliant traité et Charles V, n'ayant pas sous la main les forces nécessaires pour balayer ces bandes si nombreuses dont un jour au reste il pouvait avoir besoin, cherchait des expédients pour s'en débarrasser.

Plusieurs fois, il leur avait député des évêques pour les engager à entreprendre du côté de l'Asie une guerre sainte contre les infidèles; mais ces soudards n'étaient guère sensibles à l'honneur de combattre l'islamisme et de servir la vraie foi. Ils répondirent qu'en France ils trouvaient les mêmes avantages sans courir les mêmes dangers, et comme pour prouver le bien fondé de leurs assertions, ils se jetèrent sur le Comtat-Venaissin et s'avancèrent jusque sous les murs d'Avignon où le Pape tenait sa cour.

Les biens ecclésiastiques n'étant pas mieux traités que les propriétés séculières, Innocent VI et Urbain V leur offrirent de l'argent pour aller en Hongrie guerroyer contre les Turcs.

Vain espoir : le Danube ne les tenta pas; ils répondirent qu'on voulait les envoyer à la boucherie, et refusèrent de partir. Devant la continuation de leurs désordres, le pape les excommunia par une bulle du 9 juin 1365, et ils furent signalés à l'indignation publique. Mais loin de se soumettre, ils répondirent à cet acte de juste sévérité par de nouveaux méfaits qu'ils appelaient des représailles. Enfin le roi trouva un prétexte pour les éloigner : il songea à les envoyer en Espagne.

II

L'Espagne était alors divisée en quatre royaumes dont le plus important, celui de Castille, était l'objet d'une guerre de succession, semblable à celle de Bretagne qui venait de prendre fin.

Alphonse X, en mourant, avait laissé le trône à son fils Pierre auquel l'histoire a réservé avec raison le nom de Cruel : mais le souverain avait eu plusieurs enfants naturels dont l'aîné, Henri de Transtamare, ne tarda pas à revendiquer la couronne.

Il fut appuyé par ses deux frères et par une partie notable des sujets de Pierre, qui s'était aliéné les esprits en favorisant les Juifs et en maltraitant son épouse, Blanche de Bourbon, belle-sœur du roi de France, Charles V. Voici comment le trouvère

Cuvelier raconte en son naïf langage cette malheureuse union :

« En ce temps, il y avait, dans la riche contrée d'Espagne, un roi qui ne fit jamais de bien en sa vie ; il avait nom don Pèdre ; jamais pire créature ne naquit de mère. Ce roi d'Espagne, qui régna follement, avait une femme, la meilleure qui jamais entra au royaume, sœur du duc de Bourbon et de la reine de France. Or, quand Dieu les assembla, il mit un bon et un mauvais ensemble. »

Après bien des humiliations et des violences, Blanche de Bourbon fut, sur l'ordre de son mari, assassinée dans sa prison par deux Juifs, qui l'écrasèrent sous une poutre. Cet acte de barbarie souleva une partie de la nation et eut un retentissement dans le monde entier : la cour de France résolut de venger l'injure faite à sa maison et c'est alors que fut résolue l'expédition des grandes compagnies.

Henri de Transtamare pouvait compter sur d'autres alliés ; sans parler du roi d'Aragon et du duc d'Anjou, qui avaient à venger des injures personnelles, il avait l'appui du pape Urbain V qui s'était vu dans l'obligation d'excommunier Pierre le Cruel, à raison de la faveur qu'il accordait aux Juifs et aux Musulmans au détriment des catholiques.

Il engagea donc la lutte contre son frère, mais celui-ci qui, à côté de ses vices, possédait des qualités remarquables, déploya une telle activité dans l'attaque que Henri fut contraint de passer les Pyrénées en fugitif, et d'aller implorer l'appui des puissances étrangères.

Charles V alors hâta l'exécution de son projet des grandes compagnies qui devait avoir une double utilité, mais dont la réalisation rencontrait mille difficultés. Comment grouper ces bandes qui ravageaient tout le royaume et en faire une armée régulière capable de tenter une expédition efficace ? Où trouver un chef pouvant unir des volontés si indépendantes, pour les faire marcher à un même but ? Outre un capitaine d'une autorité incontestée, il fallait les promesses d'un riche butin capable de séduire des gens qui n'obéissaient qu'au mobile de l'intérêt.

Le roi de France était bien prêt à des sacrifices pécuniaires pour se débarrasser de ces bandes qui désolaient son royaume, mais il ne voyait pas d'autre épée sur laquelle il put compter que sur celle de du Guesclin, et il pria son meilleur capitaine de se charger de cette mission.

Bertrand, dont le dévouement était à la hauteur du courage quand il s'agissait de la patrie, Bertrand accepta l'offre peu séduisante qui lui était faite : lui qui n'avait cessé de manifester à tout moment sa haine pour les pillards de profession, lui qui les avait toujours combattus sans relâche, allait s'allier

Du Guesclin harangue les Grandes Compagnies.

avec eux et se mettre à leur tête ! C'était encore une manière de servir la France, il n'hésita pas...

Sans perdre un instant, il va les trouver dans leur camp de Châlons, se faisant précéder d'un écuyer qui annonce sa venue. La nouvelle de son arrivée les comble de joie et ils s'apprêtent à manifester au comte de Longueville toute l'admiration qu'ils ont pour son talent militaire ; celui-ci profite de ces dispositions favorables pour leur exposer l'objet de l'expédition qu'il vient leur proposer. Pour ne pas donner l'éveil à Pierre le Cruel pas plus qu'à l'Angleterre qui pourrait bien se mettre de la partie, quand elle verrait les armes françaises s'occuper de la succession d'Espagne, du Guesclin ne parle d'abord que des Musulmans qu'il s'agit de combattre et il prononce cette pittoresque harangue que l'histoire nous a conservée :

« Amis, veuillez m'écouter, je veux vous raconter pourquoi je suis ici. Je viens de la part du roi de France vous proposer de combattre les Sarrasins. Nous irons parmi les Espagnes et nous couronnerons don Pèdre : mais ce ne sera pas sans profit car, vous le savez, là-bas le pays est bon pour les vivres, on y trouve des vins friands et clairs. De plus le roi de France vous offre de payer les frais de l'expédition et le Pape vous accordera l'absolution de vos fautes.

« Or, compagnons, nous avons fait, vous et moi,

assez pour damner nos âmes ; vous pouvez même vous vanter d'avoir fait pis que moi. Donc faisons maintenant honneur à Dieu et le diable laissons. »

Ce discours soulève chez les farouches guerriers un transport d'enthousiasme : la fortune dans ce bas monde et le salut dans l'autre, on ne peut faire à ces brigands promesse plus agréable. La plupart poussent de grands cris en signe d'adhésion : les plus malins demandent qu'on stipule des conditions. Bertrand alors leur assure que Charles V leur comptera deux cent mille florins ; il offre même à vingt-cinq des principaux chefs de les conduire devant le roi pour ratifier le traité.

Ceux-ci acceptent et du Guesclin les amène à Charles V, qui leur parle avec bonté, les engage à entreprendre une expédition courte et facile qui leur rapportera plus d'honneurs et de richesses que de longues années de séjour en France, et pour donner à ses arguments une force décisive, il les comble de largesses.

Enfin, les dernières incertitudes sont levées ; en voyant un certain nombre de chevaliers qui s'empressent de se ranger sous la bannière de du Guesclin pour faire partie de la croisade, les plus difficiles sont obligés d'avouer que le but du roi ne peut être que leur intérêt.

Par des négociations habiles, du Guesclin obtient de ces pillards la remise des places fortes dont ils se sont emparées ; deux cent mille florins en payeront les frais : cent mille comptés à Lyon et le reste sur les frontières d'Espagne.

Enfin, pour assurer son autorité et donner plus de confiance à ses troupes, du Guesclin se fait le frère d'armes de Hugh de Calverly, le plus célèbre et le plus influent de tous ces chefs de bandes, et voilà du Guesclin en route pour le Languedoc, menant derrière lui l'armée la plus étrange qu'on ait jamais vue. Sur la poitrine et sur les armes de ces nouveaux croisés brille une croix d'argent qui leur valut le nom de *Compagnies Blanches* que leur a gardé l'histoire.

III

Ce fut un étrange spectacle quand, au mois de novembre 1365, on vit, à la voix de du Guesclin, s'ébranler ces hordes de soldats de toutes armes et de toutes nations. Ils étaient là plus de trente mille guerriers qui quittèrent Châlons pour s'avancer vers le midi de la France.

On voyait parmi eux les plus habiles capitaines et les soldats les plus grossiers, les seigneurs dévoués à la cause de leur roi et les pires des aventuriers : les

Anglais Robert Ceni, Calverly, les Allemands Hennequins, Albrecht, Ourri, la tourbe des aventuriers français et gascons, Robert Briquet, le Bourc Camus, Perrin de Savoie, Naudon de Bageraut, le Bourc de l'Esparre, Bertucat d'Albret et Airnemon d'Ortige. Maint Breton était venu se ranger sous la bannière de son capitaine : Yves de Laskaut, Even Charruel et vingt autres déjà renommés. Le prestige de du Guesclin était si puissant que de grands seigneurs même et de hauts dignitaires se laissèrent entraîner à cette guerre d'aventures : Robert de Bourbon, comte de la Marche, le sire de Beaujeu et bien d'autres encore abandonnèrent momentanément le service du roi de France pour combattre en Espagne avec le grand capitaine breton.

Ce n'était pas une chose aisée que de contraindre tous ces guerriers d'humeur si farouche et d'allure si indépendante à fléchir sous le joug d'une discipline sévère. Aussi, la volonté de leur chef ne put empêcher ces bandes avides et habituées au pillage de se livrer à la rapine et à la violence ; toutes les provinces qu'elles traversèrent gardèrent les sinistres traces de leur passage. Le Pape lui-même dut les subir, et c'est en vain que du Guesclin voulut les contraindre à s'écarter d'Avignon :

« — Non, dirent-ils, il est juste que le chef de la chrétienté contribue comme les autres à chasser de l'Espagne les mécréants. »

A la vue de ces étranges croisés, les habitants du Comtat-Venaissin s'enfuirent à Avignon pour trouver un asile auprès du Pontife ; et quand Urbain V vit, du haut des tours de son palais, s'approcher cette nuée d'hommes armés, il essaya d'arrêter l'invasion en leur envoyant un de ses légats.

Le légat traversa, non sans quelque effroi, les rangs de cette singulière armée et parvint à la tente du comte de Longueville, auquel il exposa les désirs du Saint-Père. Du Guesclin lui fit comprendre qu'il serait difficile de renvoyer des gens aussi avides sans céder quelque peu à leurs exigences.

Le Pape dut donc s'exécuter et donner aux pillards jusqu'à cent mille florins ; ce ne fut qu'après que la somme fut comptée qu'on les vit s'éloigner pour porter ailleurs leurs brigandages.

Le Languedoc fut cependant moins éprouvé : le gouverneur de cette province, le duc d'Anjou, frère de Charles V, accourut sur les frontières de son territoire pour recevoir les compagnies blanches et modérer leurs excès. Du Guesclin n'épargna rien pour seconder ses efforts et, à force d'adresse, il parvint à rompre la « barbare confraternité » qui unissait ces pillards. Des mieux disposés et des plus dociles il forma un parti sur lequel il put s'appuyer dans la suite.

Malgré tout, le roi d'Aragon, Pierre IV, ne vit pas sans effroi ces barbares s'avancer sur ses terres.

Il prit cependant le parti le plus sage; traitant en amis ces dangereux alliés, il les reçut avec honneur, leur donna des fêtes où les vivres et les vins étaient en abondance; quant à du Guesclin, dans son admiration non feinte, il le combla d'honneurs, le plaça à sa droite dans les fêtes et les banquets. C'était une réception coûteuse, mais qui devait plus tard lui épargner bien des rapines.

CHAPITRE VII

Conquête de Castille et d'Andalousie. Défaite de Navarette.

Renversement de Pierre le Cruel. — Il appelle les Anglais à son aide.
Du Guesclin prisonnier.

I

Du Guesclin n'avait pas attendu le passage des Pyrénées, pour manifester aux compagnies son intention de punir Pierre le Cruel de ses exactions contre les catholiques et surtout du meurtre de la reine Blanche. Cette nouvelle occasion d'un riche butin n'avait pas impressionné trop désagréablement ces hommes avides de pillage et ils s'avançaient vers l'Espagne avec toute l'ardeur de leur brutal appétit.

Pierre le Cruel qui n'avait nullement compris le caractère de l'expédition ne se doutait pas du danger qui menaçait sa couronne ; ce ne fut que lorsqu'il apprit que Henri de Transtamare leur servait de guide qu'il commença à craindre pour la sûreté de ses Etats et vit que les Maures de Grenade avaient moins à trembler que lui.

Le nom de du Guesclin à lui seul suffit pour

l'effrayer : involontairement il se rappela cette prédiction dont le bruit était souvent parvenu jusqu'à ses oreilles, qu'un jour un aigle du pays de Bretagne renverserait le trône sur lequel il était assis. Cet aigle n'avait-il pas quelque rapport avec ce célèbre capitaine dont la renommée planait sur le monde entier? et l'heure des appréhensions n'était-elle point arrivée?...

Paralysé par les plus sombres pressentiments, Pierre le Cruel n'a plus le courage de marcher à l'ennemi, il s'enferme dans Burgos, s'entoure de ses créatures, les Juifs, et attend. Du Guesclin dont rien n'arrête la marche a déjà forcé les défilés espagnols et s'avance par la vallée de Roncevaux, qu'il franchit malgré la rigueur de la saison.

La première place qu'il rencontre sur son passage est la ville de Magalon.

La Compagnie Blanche, dit Cuvelier, se va si bien remuant, les chevaliers ont tant cheminé qu'ils voient Magalon et son puissant château. Ils s'avancent jusqu'aux portes et Henri de Transtamare fait signe aux habitants qu'il veut parlementer :

— Sire, demande le gouverneur de la place, que faites-vous ici et que demandez-vous?...

— Je demande la ville et la réclame en qualité de roi d'Espagne.

Mais le gouverneur fidèle à Pierre le Cruel n'en-

tend pas se rendre si aisément. Alors Henri
s'éloigne en lui laissant cette menace :

Devant le tombeau de Roland à Roncevaux.

— Sachez que Bertrand vous apporte votre mort.

Cette parole est le signal des hostilités. Archers
et arbalétriers préparent leurs armes : les bannières
s'agitent, l'assaut commence ; mais, dit le chroni-

queur, il fut « grand et long. » Les Espagnols se battirent comme des lions et tous les assiégés, hommes et femmes, montaient sur les remparts pour jeter des vases pleins de chaux vive sur les assaillants.

De leur côté ceux-ci pillaient les bois et les buissons et en remplissaient le fossé jusqu'au mur ; par ce moyen Guillaume Boitel réussit à percer la muraille et à pénétrer dans la place.

Ce fut alors un massacre général ; on ne vit que « têtes, pieds, bras fauchés et cervelles épandues. » A la tombée de la nuit Bertrand était maître de la ville et faisait prisonniers quantité de Juifs et de Sarrasins.

Le reste de la garnison s'était réfugié dans le château : le lendemain Bertrand alla les sommer de se rendre, menaçant de livrer la ville au pillage, s'ils ne se décidaient à une prompte soumission.

Ils se rendirent et le vainqueur leur laissa la vie sauve, exigeant seulement les armes et les bagages. Ainsi tomba Magalon qui marqua la première conquête de du Guesclin en Espagne.

Elle fut bientôt suivie de la prise de Briviersa, forte place située sur la route de Burgos.

Nul ne pensait, au rapport des chroniqueurs, que l'on put jamais s'emparer de cette ville par une saison aussi rigoureuse que celle que l'on traversait. Pierre le Cruel la croyait capable d'arrêter l'ennemi pendant une année entière ; il y comptait en effet ses sujets les plus dévoués.

Aussi quand le comte de Transtamare se présenta sous leurs murs, les bourgeois firent peu de cas de ses menaces. Bertrand rangea donc ses troupes et prépara l'assaut.

Il fut rude : les Espagnols écrasaient nos gens sous le poids de tonneaux énormes qu'ils avaient remplis de cailloux, et plus d'un expirait dans les fossés. Hugh de Calverly qui était chargé d'attaquer la ville par le quartier des Juifs parvint cependant à leur faire lâcher pied.

Etant parvenu à percer la muraille il pénétra dans la place et y planta la bannière de Bertrand : la garnison se rendit et eut la vie sauve à la condition de livrer tous les Juifs enfermés dans Briviesca.

Aussitôt deux bourgeois montèrent en selle et se dirigèrent de toute la vitesse de leur monture vers Burgos où résidait Pierre le Cruel, afin de le prévenir de la reddition de la ville.

Le tyran fut tellement surpris de cette nouvelle qu'il refusa d'y croire et fit traiter comme des félons ses deux sujets fidèles. Quelques heures après, leurs corps « étaient pendus et flottaient au vent. »

Mais la nouvelle n'en était pas moins certaine et elle ne tarda pas à se répandre dans toute la Castille. Désespéré et le cœur rempli de rage, Pierre le

Cruel, escorté de son écuyer, Fernand de Castro, quitte Burgos précipitamment, sous prétexte que des troubles graves réclament sa présence dans Tolède. C'était abandonner le trône à son rival.

Du Guesclin ne pouvait laisser perdre une aussi belle occasion : apprenant la fuite de Pierre le Cruel, il donne l'ordre de marcher sur Burgos.

Au reste les évènements travaillent pour lui : les habitants de Burgos se voyant abandonnés par le tyran ont tenu conseil et on délibère pour savoir quel accueil il faut faire aux Français.

On va demander conseil à l'évêque et voici la curieuse réponse qu'on en reçoit :

« Vous savez, mes enfants, que je suis votre père spirituel, et qu'à ce titre j'ai le droit de vous diriger.

« Or il est connu de tous que Pierre qui règne maintenant est un mécréant qui a fait périr sa femme, la meilleure dame qui vécut jamais. Pour ce crime et pour bien d'autres méfaits, il est haï par tout le royaume : vous voyez au reste par sa fuite comment nous pouvons compter sur lui pour nous défendre. Ouvrons notre ville à Henri, notre droit seigneur. »

Cet avis est goûté de tous, sauf des Juifs et des Sarrasins, et les principaux citoyens s'avancent au-devant des Français pour remettre à Henri les clefs de la ville.

Celui-ci fait donc son entrée solennelle dans la vieille cité espagnole qui lui fait une réception triomphale. « Il n'y eut cloche qui ne fût haut sonnée, disent les chroniqueurs ; nos gens furent hébergés la nuit aux faubourgs et Henri se rendit au palais où ses appartements étaient préparés. S'ils furent bien servis, ne le demandez pas. Cette vesprée passa en délassements et aussi toute la journée du lendemain. »

Alors on prépara les fêtes du couronnement et Henri manda en toute hâte son épouse qui était restée en son château à la frontière d'Aragon.

Quand on apprit son arrivée, tous les principaux chevaliers conduits par du Guesclin se rendirent à sa rencontre à deux lieues de la ville : là ils mirent pied à terre pour la recevoir ; mais la reine, montée sur une superbe mule dont la selle était dorée et entourée, de pierres précieuses, poussa droit à Bertrand et mettant pied à terre, lui dit :

« — Ami et seigneur, je vous remercie, car c'est à vous que nous devons la couronne d'Espagne. »

Du Guesclin pria la reine de remonter en selle et le cortège s'ébranla se dirigeant sur Burgos. Les dames de la suite de la reine n'en pouvaient croire leurs yeux à la vue de ces guerriers venus de France et elles exprimaient tout haut leurs naïves impressions :

« Le voilà donc ce Bertrand dont nous avons tant

ouï parler ; il est bien laid, c'est vrai, mais bonté vaut mieux que beauté et c'est le plus vaillant chevalier qui soit jusqu'à la mer. »

A l'entrée de Burgos, la reine rencontra les dames de la ville venues à sa rencontre; alors elle descendit et se rendit à pied jusqu'à l'église Notre-Dame où devait avoir lieu le couronnement.

Le comte de la Marche et le maréchal d'Audrehem marchaient à côté d'elle, la tenant par la main, et partout sonnaient les cloches.

Alors Henri de Transtamare prend la couronne et la pose sur sa tête, puis du Guesclin s'écrie à pleine voix :

« — Vive Henri II, roi de Castille par la grâce de Dieu !... »

Et tous les assistants répondent :

« — Vive le roi Henri II ! »

Le premier acte du prince couronné fut de montrer sa reconnaissance à celui à qui il devait son royaume : il donna donc à du Guesclin le comté de Transtamare et lui adressa publiquement les plus humbles remerciements si bien que la popularité de Bertrand devint aussi grande en Espagne qu'en France.

La guerre cependant était loin d'être achevée : Pierre le Cruel s'étant retiré dans Tolède, l'armée se mit en marche vers cette ville.

La reine Jeanne remerciant Bertrand.

A cette nouvelle le tyran sentit le désespoir l'envahir, il quitta aussitôt Tolède et on dit qu'en franchissant les portes, des larmes roulaient dans les yeux de ce prince rien moins que sensible. Il se rendit à Cordoue où il ne se trouva pas assez en sûreté et bientôt gagna Séville.

Derrière lui en effet les vainqueurs avançaient à grands pas : Tolède se rendit comme Burgos, sur l'avis unanime du clergé et des citoyens. Une délégation des bourgeois s'avança au-devant d'Henri à deux lieues de la ville et lui déclara :

« Sire, la cité de Tolède et le pays d'alentour se donnent à vous en vous priant de sauvegarder leurs droits et leurs libertés. »

Voyant que Cordoue allait suivre l'exemple de Tolède, Pierre le Cruel, pour prévenir la perte totale de ses états, entama des pourparlers et envoya des délégués avec des propositions de paix.

Les émissaires du tyran rencontrèrent Henri et Bertrand « au bord d'une eau courante où étaient cinquante chevaliers qui se reposaient et s'ébattaient ensemble. »

« — Seigneurs, leur dirent-ils, Pierre notre maître vous propose la paix : pour cela il vous abandonne Tolède, Cordoue et Séville, et offre un million de livres pour les frais de la guerre. »

Un moment les chevaliers discutent ces propositions qui sont assez du goût de Calverly et de ses gens, mais du Guesclin déclare au roi Henri qu'il a reçu mission du roi de France de détrôner Pierre le Cruel, et, qu'autant qu'il dépend de lui, il poursuivra l'exécution de ce plan.

Ce projet est trop en rapport avec les désirs d'Henri pour n'être pas accepté et les émissaires sont renvoyés avec l'ordre de dire à Pierre qu'il n'aura la paix qu'au prix de tout son royaume.

L'armée de du Guesclin reprend donc sa marche en avant et bientôt s'empare de Cordoue qui se rend sans coup férir : de là on s'avance sur Séville. Une résistance plus sérieuse l'y attendait.

C'est en vain que quinze mille hommes bien armés s'élancent à l'assaut : l'attaque ne produit aucun résultat et on est obligé de se résigner aux longueurs d'un siège prolongé. Pendant trois mois, les défenseurs gardent toute leur intrépidité et du Guesclin voit se lasser l'ardeur de ses hommes peu habitués à semblable résistance.

Enfin un nouvel assaut est décidé et, après six heures de l'attaque la mieux conduite, les Anglais de Hugh de Calverly parviennent à faire reculer les Juifs dont ils attaquent le quartier. Bientôt la bannière du terrible chef flotte sur les remparts et anime les autres combattants : on redouble de courage et, à la tombée de la nuit, la ville est au pouvoir de du Guesclin.

La garnison s'est réfugiée dans la citadelle, mais celle-ci ne peut contenir qu'un nombre limité de combattants ; aussi le lendemain Bertrand s'en va vers eux et les engage à se rendre en leur promettant la vie sauve. Après de longs pourparlers ces braves gens livrent enfin les clefs, et la prise de Séville clôt la série des conquêtes de Henri de Transtamare qui se voit universellement reconnu comme roi de Castille et de Léon.

II

On raconte que lorsque le navire sur lequel était monté le tyran en quittant l'Andalousie s'éloigna des côtes de cette province, Pierre le Cruel se leva sur le tillac pour donner un dernier regard à son royaume et s'écria :

« — Oui, je la reverrai cette terre où je régnai ; et je l'inonderai du sang de mes ennemis. »

Aussitôt le roi détrôné s'apprêta à remplir sa promesse ; sans retard il se rendit auprès du prince de Galles, plus souvent appelé le *Prince Noir*, qui tenait de son père Edouard III le gouvernement des provinces de la Guyenne et du Poitou enlevées à la France par le funeste traité de Brétigny.

L'entrevue eut lieu à Bordeaux où le prince tenait sa cour : Pierre le Cruel, se jetant à ses pieds, le supplia de vouloir bien l'aider à remonter sur son trône et le prince de Galles qui voyait d'un mauvais œil l'intervention des Français en cette affaire, se laissa aisément gagner par les sollicitations du roi déchu.

« — Aussi vrai, lui dit-il, que je remets sur votre tête ce chapeau que vous avez ôté par courtoisie, aussi vrai je vous remettrai pareillement votre couronne. »

En entendant ces paroles, la joie de Pierre ne connut pas de bornes et pour sceller définitivement l'alliance avec les Anglais il promit la main de sa fille au duc de Lancastre, frère cadet du prince de Galles.

Sous le commandement d'un chef aussi redoutable que l'était le vainqueur de Poitiers, la guerre promettait de changer de caractère.

Du Guesclin ne tarda pas à concevoir de légitimes appréhensions : d'abord tous les Anglais qui avaient fait partie à un titre quelconque des compagnies blanches sous la conduite de Bertrand, reçurent du prince de Galles l'ordre de le rejoindre en Aquitaine et le capitaine breton n'y put mettre aucune opposition.

C'était une des restrictions de Hugh de Calverly

et des siens en acceptant la campagne d'Espagne.
Pour compenser la perte de tant de vaillants soldats,
Bertrand ne vit pas d'autre moyen que d'en appeler
à la sagesse de Charles V ; il partit donc pour la
cour où il reçut le plus brillant accueil et exposa au
monarque combien il était urgent de s'opposer à
l'influence anglaise.

Charles était un prince sage ; il entra de suite
dans les vues de son vaillant capitaine et lui donna
sur l'heure un secours de huit mille archers. Bertrand compléta ces forces en adressant un appel à
ses bons amis de Bretagne : sa demande fut entendue
et quand il franchit les Pyrénées, il menait derrière
lui une troupe de quinze mille hommes.

Mais le prince de Galles l'avait déjà devancé :
sans perdre de temps cet habile capitaine avait
réclamé du vieil Edouard III les secours indispensables qui lui étaient arrivés sous la conduite du
duc de Lancastre. Il avait de plus convoqué les
états d'Aquitaine pour lever des subsides, et les
barons, quoique à regret, avaient dû s'exécuter.

Pour éviter toute surprise de l'autre côté des
monts, le prince de Galles s'était assuré l'appui du
roi de Navarre, Charles le Mauvais, dont il fallait
toujours se défier.

Toujours égal à lui-même, ce roi félon avait
essayé de se concilier les deux partis en promet-

tant d'abord à Henri de Transtamare de s'opposer au passage des Anglais et en s'engageant traîtreusement ensuite auprès du prince de Galles pour lui garantir son concours.

Olivier de Mauny fut chargé de punir le roi de Navarre de sa perfidie : il le surprit non loin de Logrono et le fit prisonnier lui et bon nombre de ses gens. Mais Olivier, qui était moins diplomate que vaillant capitaine, faillit cependant devenir la dupe du félon.

Sur les supplications de Charles il lui avait accordé sa liberté provisoire en gardant son fils seulement comme otage. Or un jour, raconte la chronique, le roi de Navarre invite Olivier de Mauny à se rendre à son château pour traiter de la rançon.

Le Breton s'y rend avec une faible escorte et, par une insigne mauvaise foi, Charles le fait arrêter en menaçant de lui trancher la tête s'il ne consent à lui envoyer son fils sans rançon. Le brave capitaine, pour avoir la vie sauve, n'eut qu'à s'exécuter.

Pendant ce temps le prince de Galles franchissait les Pyrénées à la tête d'une armée formidable. « Grand fut l'effroi qu'elle semait autour d'elle, raconte le roman de sire du Guesclin. Il y avait la compagnie des Guiennois, celle des comtés de Foix et d'Armagnac, celle des Poitevins et des Gascons, et enfin celle des Anglais. Cavaliers, mules, chevaux et palefrois étaient bardés de fer. Jamais Alexandre ou Charlemagne ne menèrent tel convoi. Parmi tous ces gens, il n'y en avait pas un qui ne connût l'art de la guerre. »

De son côté le roi Henri avait levé dans tout le royaume tous les hommes disponibles ; malheureusement ils étaient mal armés et peu capables de résister à des troupes aguerries. L'arrivée de du Guesclin ranima cependant la confiance et on se prépara à la lutte avec ardeur.

Le premier engagement se montra favorable aux Français. Les vivres en effet ne pouvaient suffire à des armées aussi nombreuses et le prince de Galles se faisait précéder d'un escadron commandé par Guillaume Felton qui était chargé de ravitailler les troupes.

Bertrand fut averti de l'approche de ce détachement d'Anglais qu'on avait vu se répandre par les champs et il se promit de ne pas laisser passer une si bonne occasion de se procurer des vivres à bon marché.

Il laisse donc Felton charger ses chariots, s'approche à l'improviste avec une poignée d'hommes résolus, les surprend et les taille en pièces sans qu'ils aient à peine le temps de se servir de leurs armes. Bertrand lui-même est assez heureux pour découvrir Felton et « il le heurte si violemment de sa lance qu'il l'abat à terre sur l'herbe verdoyante. »

Ce combat enleva aux Anglais plus de quatre
cents combattants : ce premier succès enivra tellement les Espagnols que, à partir de ce jour,
confiant surtout dans leur nombre, ils ne doutèrent
pas de la victoire.

Du Guesclin n'en augurait pas si favorablement :
il savait la valeur de l'armée du prince de Galles et
appréhendait l'inexpérience de toute cette jeunesse
castillane. Le moment ne tarda pas où il manifesta
publiquement ses craintes.

De plus en plus pressés par la difficulté de se
procurer les subsistances, les Anglais avaient hâte
d'en venir aux mains : ils réclamaient de leur chef
un engagement décisif et en dépit de sa prudence, le Prince Noir envoya à Henri un défi en
forme.

Hésitant à l'accepter le roi de Castille convoqua
son conseil : il connaissait l'avis de du Guesclin et
eût voulu pouvoir s'y conformer, mais son autorité
royale n'était pas encore assez affermie pour risquer
de mécontenter tout le parti de la chevalerie espagnole représenté par son jeune frère don Tello.

Celui-ci et tous les siens brûlaient d'en venir aux
mains et, confiants dans l'ardeur de leur sang, ils ne
comprenaient rien à toutes ces mesures de prudence.
Il fallut donc que Bertrand insista pour faire
entendre le langage de la raison, il développa les

conséquences d'un échec probable et vanta au contraire le système de temporisation ; la famine elle seule se chargerait de venir à bout des Anglais.

« — Si vous voulez me croire, dit-il, nous vaincrons notre ennemi sans bataille ni péril. Ils sont tous affamés et ne pourront durer seulement trois jours. »

Mais don Tello ne peut maîtriser l'impatience qui le gagne :

« — Sire Bertrand, dit-il, à quoi sert d'attendre ? Vous semblez oublier qu'à lui seul le roi Henri a plus de soldats que le prince de Galles. Si donc vous voulez épargner le sang de France, sachez que les Espagnols et les Aragonais sauront se passer de secours. »

Et en même temps, se tournant vers ses partisans, il réclame la bataille pour le lendemain.

Du Guesclin n'est pas homme à supporter cet audacieux langage et il riposte aussitôt :

« — Sachez, don Tello, que si la bataille s'engage, les Français ne resteront pas derrière les Espagnols : ils ont suffisamment donné leurs preuves pour que vous ne doutiez pas de leur courage. Mais vaillance n'exclue pas prudence. Demain, si nous engageons le combat, nous serons défaits, je vous en donne ma parole, et celui qui a le plus à y perdre est le roi ici présent. Quant à moi, demain, le soleil couchant me verra mort ou prisonnier. »

Devant un si noble langage, Henri II reste per-plexe : on sent qu'il penche du côté de la bataille, mais que la parole du vaillant capitaine l'effraie. Bertrand coupe court à toute indécision :

« — Chevaliers espagnols, reprend-il, vous vou-lez la bataille, vous l'aurez ; mais encore une fois sachez qu'elle sera terrible. »

Le soir, les envoyés du prince de Galles rega-gnaient leur camp rapportant la réponse que le défi était accepté et la bataille de Navarette était décidée.

Toute la nuit se passa de part et d'autre à ranger les troupes en ordre de bataille. Du Guesclin et le maréchal d'Audrehem prirent l'aile droite avec les Français pendant que l'aile gauche resta sous les ordres de don Tello avec ses Castillans, le roi Henri occupant le centre.

Du côté des Anglais les divisions étaient confiées au duc de Lancastre, à Chandos et Calverly, et au prince de Galles. Quand le 3 avril 1368, parurent les premières lueurs du jour, elles éclairèrent ce superbe front de bataille.

Des deux côtés les chefs parcouraient les rangs donnant les derniers ordres et excitant les courages. On entendit du Guesclin dire à d'Audrehem :

« — Maréchal, que pensez-vous de toute cette armée espagnole ?...

— Elle est vraiment magnifique et pleine d'entrain, répondit le guerrier, et j'espère qu'elle va nous donner la victoire.

— Eh bien, moi, repartit du Guesclin, je m'en défie. A la première charge, ils sont capables de tourner le dos. »

Jusqu'au bout, le sage capitaine gardait donc ses appréhensions, et à Navarette comme à Auray il avait un exact pressentiment de l'avenir.

III

Cependant le prince de Galles a donné le signal : les trompettes sonnent et l'armée anglaise descendant le coteau s'avance dans la plaine de Navarette. Le duc de Lancastre paraît aux premiers rangs; Bertrand s'avance à sa rencontre. Le plus profond silence règne sur les deux lignes ; on sent que l'heure est solennelle et que de grands intérêts sont en jeu.

Arrivés à une portée de trait, les archers commencent à lancer les flèches ; elles partent si serrées que l'air en est obscurci et cependant les cuirasses en amortissent si bien l'effet que presque tous les combattants gardent leur poste.

On passe alors au combat à l'arme blanche ; et la bataille commence véritablement. Longtemps on se maintient sur les positions, mais la mêlée devenant générale, la cavalerie espagnole prend part au combat.

Sans reculer, l'infanterie anglaise soutient le choc ; elle se glisse à travers les chevaux et les abat à coups de dagues et d'épées. Douze cents chevaux sont ainsi mis hors de combat ; devenus affolés, ils se précipitent hors des rangs et entraînent leurs cavaliers dans la plaine.

Peu habitués à une mêlée si sanglante, les troupes de don Tello commencent à faiblir et se croyant trahi, leur chef donne le signal d'une retraite qui devient bientôt une fuite désastreuse. Vingt-cinq mille hommes disparaissent ainsi du champ de bataille et laissent l'armée d'Henri dans la situation la plus critique.

Le prince de Galles, étonné lui-même d'une fuite si rapide, croit à une tactique et empêche ses hommes de poursuivre les fuyards : à bon droit il préfère garder ses lignes et continuer la bataille sur le terrain où elle est engagée.

Au reste du Guesclin a déjà pris l'avantage sur le duc de Lancastre qui faiblit et il importe de le secourir. Cette impassibilité du Prince Noir décide de la journée. Il lance ses forces contre le roi Henri et les Espagnols, qui se sont aperçus de la

défection de don Tello, perdent courage et se laissent
entamer.

Pierre le Cruel, qui s'est joint aux Anglais, croit
déjà sa couronne reconquise ; il se jette dans la
mêlée avec l'acharnement qui le caractérise et
assouvit sa vengeance sur ces Castillans auxquels il
commandait jadis.

Pour couper court à ces représailles indignes
d'un prince civilisé, le prince de Galles donne à ses
troupes l'ordre de se tourner sur du Guesclin, qui
seul désormais lutte encore sans trop de désavan-
tage. Mais comment porter à lui seul le poids de
toutes les colonnes ennemies? La mort se répand
dans ses rangs et ses plus fidèles compagnons
tombent autour de lui.

Henri II, qui voit la défection des siens sur tous
les autres points, arrive se joindre à Bertrand, dési-
rant mourir en brave puisqu'il ne peut vaincre,
mais le connétable qui l'aperçoit court à lui et
lui dit :

« — Prince, retirez-vous ; la journée est perdue,
c'est vrai ; mais on pourra la reprendre. Si nous,
nous sommes prisonniers, nous pourrons nous
racheter, mais pour vous c'est la mort. Fuyez au
plus vite. »

Le prince hésite à se soustraire au danger : il veut
périr sur le champ de bataille. Il faut que du Guesclin l'en conjure à nouveau et lui montre qu'il s'agit

non seulement de lui mais de la cause pour laquelle la lutte est engagée.

L'infortuné roi se rend enfin et, accompagné de six de ses hommes, il abandonne le champ de bataille où tant de braves gens donnent leur vie pour lui.

Cependant du Guesclin a repris sa place dans la mêlée ; ils sont là encore une poignée de braves : le maréchal d'Audrehem, Olivier de Mauny, le Bègue de Vilaines, Alain de Beaumont. Adossés contre une muraille, et assurés de n'être pas inquiétés par derrière, ils font face à l'ennemi qui ne peut les attaquer qu'en petit nombre à la fois.

Plusieurs heures durant, ils maintiennent cette position ; le prince de Galles, qui les considère de loin, ne peut s'empêcher d'admirer une telle valeur ; il s'approche et donne l'ordre de cesser le combat :

« — Rendez-vous, vaillants chevaliers, leur dit-il ; c'est assez combattre et il y a assez de morts pour aujourd'hui. »

Mais la rage de Pierre le Cruel n'est pas encore assouvie ; il se rappelle que ce sont ces Français qui lui ont ravi sa couronne et il veut à tout prix les exterminer.

« — Non, crie-t-il, pas de quartier pour ces gens-là ; tant qu'ils vivront je ne pourrai me considérer comme roi de Castille... »

Et en même temps il s'élance plus avant pour se précipiter sur du Guesclin ; celui-ci qui l'entend et qui, bien que épuisé, ne demande que l'occasion d'une lutte acharnée, écarte ses compagnons et marche sur le tyran. D'un bond furieux il lui porte un tel coup d'épée que, malgré le bouclier qui amortit le choc, le prince tombe à genoux : se précipitant, du Guesclin va l'achever quand trois Anglais saisissent le capitaine à bras-le-corps et le mettent dans l'impossibilité de se mouvoir.

Le prince de Galles, qui surveille toujours le combat, s'écrie alors :

« — Messire Bertrand, rendez-vous, » et en même temps il donne à ses gens l'ordre de l'épargner.

Se tournant alors vers le prince, du Guesclin lui tend son épée en disant :

« — A vous seul, Monseigneur, je me rends prisonnier et j'ai la consolation de remettre mon épée au plus généreux prince de la terre. »

D'Audrehem imite la conduite de Bertrand et le Prince Noir les confie à la garde du captal de Buch. Celui-ci, qui se souvient du passé, veut se donner le plaisir d'une petite vengeance :

« — Messire Bertrand, dit-il, admirez le sort des armes ; jadis vous me fîtes prisonnier à Cocherel, aujourd'hui c'est moi qui vous tiens...

— Avec cette différence, répond du Guesclin,

qu'à Cocherel vous étiez mon prisonnier, tandis qu'ici vous n'êtes que mon gardien. »

Mais voilà que survient Pierre le Cruel, qui a eu le temps de se remettre du coup que lui a porté le vaillant capitaine. Ne pouvant retenir l'élan de sa fureur, il ne rougit pas de se précipiter sur le chevalier désarmé et, pour l'empêcher de commettre un lâche assassinat, il ne faut rien moins que l'intervention du prince de Galles.

« — Cédez-le moi au moins, s'écria-t-il alors ; je m'engage à le payer son poids d'or. »

Mais le vainqueur de Poitiers répond :

« — Je vous connais trop bien maintenant, don Pèdre, pour vous confier le sort d'un guerrier tel que messire Bertrand : vous le donner serait une lâcheté, et si le sort des armes l'avait fait votre prisonnier, j'aimerais mieux l'acheter son pesant de pierreries. »

En même temps, le prince donne l'ordre de conduire du Guesclin dans sa tente et de le traiter comme un homme de sang royal.

Ainsi se termina cette désastreuse bataille de Navarette, perdue par la présomption des Espagnols et la fatuité de don Tello. Après avoir perdu ses meilleurs chevaliers, Henri n'échappa à la mort qu'en écoutant le conseil de du Guesclin et en se confiant à la vitesse de sa monture.

Don Pèdre le fit chercher sur le champ de bataille, croyant le trouver parmi les morts et se réservant la sauvage vengeance de mutiler son cadavre. Ce crime lui fut épargné : Henri réussit à quitter l'Espagne et trouva un asile près du duc d'Anjou, gouverneur du Languedoc.

Mais en apprenant sa fuite et sa défaite, toutes les villes du royaume qui jadis s'étaient données à lui avec tant d'empresement passèrent avec le même élan au pouvoir de Pierre le Cruel qui fut de nouveau reconnu comme roi de Castille.

CHAPITRE VIII

Bataille de Montiel.

Délivrance de du Guesclin. — Henri de Transtamare reprend la lutte.
Mort de Pierre le Cruel.

I

Pierre le Cruel était donc remonté sur son trône grâce à l'appui de l'Angleterre, mais pas plus loyal que généreux, il oubliait les promesses de l'entrevue de Bordeaux et ne parlait pas de solder l'indemnité de guerre.

En vain le prince Noir réclamait, le roi de Castille traînait toujours les choses en longueur ; il finit même par déclarer à Edouard que tant que les compagnies anglaises resteraient dans ses Etats qu'elles ravageaient, elles ne devaient rien attendre de lui.

Indigné de ces procédés, le prince de Galles fut tenté de mettre son protégé en demeure de tenir parole, mais c'était encore prolonger en Castille un séjour déjà trop long pour la santé du prince et celle de ses gens épuisés d'une existence dans un pays ruiné par des guerres répétées. Au reste Edouard avait atteint son but : les armes de Charles V étaient humiliées et l'influence française en Espagne ruinée pour l'instant.

Les Anglais quittèrent donc la Castille, n'emportant du roi qu'ils venaient de replacer sur le trône qu'un souvenir de mépris ; trahis par les soldats de Pierre, ils s'égarèrent dans les montagnes des Asturies et eurent beaucoup à souffrir de la soif, de la faim et de marches excessives.

Quand ils rentrèrent en Aquitaine, ils s'aperçurent que les fruits de leur expédition se bornaient à s'être emparé de la personne de quelques chevaliers français et surtout de Bertrand du Guesclin. Aussi le prince de Galles se promit bien de ne pas livrer son captif, même pour la plus belle rançon.

Le chevalier breton, privé de liberté, était gardé dans un cachot dont, il est vrai, on lui adoucissait bien des rigueurs. Les seigneurs gascons, admirateurs de sa vaillance, lui faisaient parvenir des présents considérables, et jusqu'à des sommes d'argent que du Guesclin partageait à ses compagnons de captivité.

Sa renommée le suivait dans les fers comme sur les champs de bataille, et souvent la multitude s'assemblait sous les fenêtres de sa prison pour l'apercevoir un instant. Mais un jour il reçut une visite encore plus honorable.

Laissé à lui-même, Pierre le Cruel n'avait pas tardé à montrer son caractère violent et ses instincts féroces : les plus grands seigneurs du royaume ne trouvaient pas grâce devant sa colère et il ne dédaigna pas de chercher un appui ostensible auprès des Musulmans.

Ce retour à sa conduite passée ne laissa pas que d'irriter son peuple qui avait eu déjà trop à souffrir de son gouvernement et plusieurs villes envoyèrent secrètement des messagers à Henri de Castille pour l'engager à les débarrasser une seconde fois du tyran qui les gouvernait.

Le vaincu de Navarette, réfugié près du duc d'Anjou, avait encore au cœur la cruelle blessure infligée à ses armes et il se sentait peu disposé à tenter de nouveau les chances de la fortune. Excité cependant par des invitations réitérées et assuré surtout de ne plus rencontrer devant lui un ennemi aussi terrible que le prince de Galles, l'infortuné prince se laissa gagner ; mais avant de rien entreprendre, se souvenant du passé, il résolut d'en référer à celui qui jadis lui avait donné sa couronne.

Se dissimulant sous des habits de pèlerin, don Henri se dirigea sur Bordeaux pour prendre l'avis de du Guesclin. Son ancien capitaine expiait dans les fers la forfanterie espagnole, mais le roi le savait prêt à le recevoir et même à l'aider quand la liberté lui serait rendue. La difficulté était de tromper la vigilance des gardiens du hardi chevalier, sans compromettre sa propre sûreté.

A prix d'or cependant il put se faire ouvrir la porte du cachot de Bertrand et y entra en qualité de compatriote. Les deux victimes de la fortune eurent un instant de grande joie en dépit du lieu qui les abritait : du Guesclin se confondit en remerciements et en même temps en tendres reproches pour don Henri qui ne craignait pas de venir ainsi jusque dans sa capitale braver le courroux du prince de Galles.

Le roi détrôné lui exposa alors le but de sa démarche : s'expliquant longuement sur les affaires d'Espagne, il le mit au courant de l'accueil que recevait Pierre le Cruel et de l'appel qui lui était fait chaque jour par de fidèles sujets.

Bertrand engagea le roi à ne pas abandonner une telle chance de fortune :

« — Il faut, dit-il, reprendre la guerre et apprendre à don Pèdre que la journée de Navarette peut se réparer. »

Puis il invita Henri de Castille à se rendre de nouveau près du duc d'Anjou et à solliciter par lui l'appui du roi de France. Il n'eut pas besoin d'insister pour l'assurer de sa propre intervention sitôt que la liberté lui serait rendue.

Ces deux hommes de cœur se séparèrent après s'être donné une ferme accolade et avec le secret espoir de se rencontrer prochainement sur le champ de bataille.

Mais cependant du Guesclin restait toujours dans les fers et le prince de Galles ne paraissait nullement disposé à relâcher son prisonnier. Toute la noblesse d'Aquitaine et jusqu'aux amis du prince regrettaient une résolution si inflexible, et un jour l'un d'entre eux ne craignit pas de s'en ouvrir publiquement. Voici comment les chroniqueurs racontent le fait :

Un jour le prince avait à sa table les principaux seigneurs de la Guyenne et du Poitou : on y voyait le comte d'Armagnac, les sires d'Albret et de Gascogne, le seigneur de Clisson, messire Jean Chandos, Hugh de Calverly, Gauthier Huet et beaucoup d'autres chevaliers anglais.

On parlait d'armes, de batailles et de toutes les chaudes journées où ces chevaliers avaient gagné de l'honneur et versé de leur sang : les plus beaux faits étaient cités et les noms les plus glorieux rappelés.

Celui de du Guesclin ne pouvait être passé sous silence et à ce sujet le sire d'Albret dit au prince.

« — A propos de du Guesclin, savez-vous, Sire, ce que l'on dit de vous ?

— Quoi donc, repartit le prince. J'aimerais à le

savoir et vous requiers de me le dire de suite.

— Eh bien, reprend le sire d'Albret, on dit que vous retenez le chevalier prisonnier parce que vous avez peur de sa vaillance... »

A ce moment Olivier de Clisson intervint pour ajouter :

« — Oui, j'ai maintes fois entendu ces paroles, mais je n'osais vous les répéter, Sire. »

Touché au vif, le prince pâlit et d'un ton sec donne l'ordre d'aller quérir sur-le-champ messire Bertrand :

« — Seigneurs barons, dit-il je veux que vous sachiez que je mets aujourd'hui Bertrand à rançon et que liberté va lui être accordée immédiatement devant vous. »

On amène le prisonnier qui salue profondément et garde une assez triste mine sous ses habits peu brillants ; mais le prince tient à le traiter avec bonté et avec grand intérêt lui demande de ses nouvelles :

« — Sire, répond Bertrand, mieux me sera quand il vous plaira. Il y a longtemps que vous me faites entendre le chant des rats et des souris ; et je leur préférerais le chant des rossignols de la Bretagne. »

Le prince Edouard sourit :

« — Eh bien, messire Bertrand, je vous rendrai de suite à votre Bretagne, si vous me jurez sur l'honneur de ne jamais porter les armes contre l'Angleterre et d'abandonner la cause d'Henri de Castille... »

A ces mots du Guesclin s'étonne :

« — Eh quoi, Sire, dit-il, ne me faut-il pas avant tout prendre les ordres du roi de France ? et comment le servirais-je si je m'engageais à semblable promesse ?... Vraiment il me semble que si vous exigiez de moi un tel serment c'est que vous estimeriez d'un bien trop grand prix l'épée d'un pauvre chevalier comme moi. »

Justement piqué, le prince laisse un instant percer son ressentiment, puis ne pouvant revenir sur sa parole, il déclare que pour prouver qu'il ne redoute aucune épée, il met Bertrand en liberté et lui donne la facilité de fixer lui-même le prix de sa rançon :

« — Sire, reprend du Guesclin, si je ne suis plus prisonnier, je vous en remercie grandement, mais en même temps je vous jure que bientôt Henri remontera sur le trône de Castille ; j'en prends ici l'engagement devant tous les chevaliers qui m'entendent... Quant à ma rançon, à vous, Sire, de la fixer, je suis prêt à la payer : veuillez seulement vous rappeler que je ne suis qu'un pauvre chevalier qui n'ai de bien que ce que j'ai pu gagner dans le métier des armes.

— Messire Bertrand, répond Edouard, puisque

vous êtes homme de mérite et de valeur, je ne vous taxe qu'à cent francs.

— Sire, c'est la taxe d'un soldat, réplique du Guesclin, et il n'est pas juste que vous fassiez si peu de cas d'un chevalier qui a commandé des armées royales. Pour que personne dans l'avenir puisse m'accuser d'une bassesse de moi-même je fixe ma rançon à cent mille florins d'or. »

Un murmure de surprise se fait entendre et Edouard reprend :

« — J'admire votre fierté, messire Bertrand, mais jamais je n'exigerai de vous cent mille florins.

— En ce cas, Sire, mon dernier mot sera soixante-dix mille, et je n'en rabattrai pas une obole.

— Mais, messire Bertrand, je vous sais pauvre chevalier, où donc prendrez-vous une aussi forte somme ?

— Sire, j'ai des amis sans compter que les gentils rois de France et de Castille ne voudront pas me laisser plus longtemps prisonnier. De plus je connais cent chevaliers qui préféreraient vendre leurs terres pour m'acquitter et, s'il le fallait, il n'est fileresse de Bretagne qui ne consentirait à filer pour contribuer de ses mains à payer ma rançon. »

Ainsi se termina cette scène chevaleresque où la magnanimité du captif en imposa à son vainqueur. Ce fut un cri de joie dans Bordeaux et dans la France

entière quand on apprit que du Guesclin était
délivré. Chandos et Hugh de Calverly lui offrirent

Bertrand devant le prince de Galles. — « Il n'est fileresse
de Bretagne, etc. »

leur bourse ; les seigneurs de la cour et le peuple
de la ville s'empressèrent à l'envi pour lui venir
en aide.

La princesse de Galles apprit à Angoulême ce qui s'était passé : aussitôt qu'elle fut arrivée à Bordeaux, elle manda Bertrand et lui fit gracieusement don de trente mille florins d'or pour payer sa rançon : elle lui envoya de plus tous les présents dont les habitants de Bordeaux l'avaient comblée à son arrivée.

Pour la remercier, Bertrand se mit à genoux devant la princesse et lui dit :

« — Madame, bien pensais-je être le plus laid chevalier qui fût en vie, mais je commence à avoir meilleure opinion de moi, puisque je vois de grandes dames me faire de pareils présents. »

Puis le chevalier fit aussitôt usage des trente mille francs de la princesse : après avoir rendu à Chandos et Calverly ce qu'il avait reçu d'eux, il employa le reste à délivrer les soldats bretons prisonniers comme lui, ne gardant que la somme qui lui était nécessaire pour son voyage.

Enfin après avoir pris congé du prince de Galles et s'être engagé sur parole à rapporter sa rançon ou à se reconstituer prisonnier, il partit.

La chronique raconte qu'au sortir de la ville, il rencontra un pauvre gentilhomme de Bretagne, prisonnier comme lui, qui revenait reprendre ses fers, n'ayant pu trouver au pays la somme indispensable pour se racheter.

Du Guesclin le reconnut :

« — Ami, dit-il, où allez-vous ?

— Sire, repartit le gentilhomme, je reviens en prison à Bordeaux, car je n'ai pu avoir ma rançon.

— Et combien vous faudrait-il ?

— Sire, répondit l'infortuné, cent francs me suffiraient.

— Cent francs pour votre rançon, dit Bertrand, plus cinquante pour un destrier et cinquante pour vous armer. Les voici et n'oubliez pas de me rejoindre à Bordeaux quand je vous en donnerai avis. »

Du Guesclin poursuivit sa route, mais il n'était pas à bout de générosités semblables. Un beau jour il rencontre dans une hôtellerie dix écuyers bretons, prisonniers de Navarette, qui s'en allaient comme lui à la recherche de leur rançon et qui n'avaient même pas de quoi payer leurs frais de route. Ils sont en querelle avec le maître de la maison, quand tout d'un coup l'un d'eux l'apaise en disant :

« — Ah ! si nous rencontrions seulement messire Bertrand, bien sûr que le bon chevalier payerait pour nous. »

Il n'a pas plus tôt achevé de parler que du Guesclin se présente à la porte avec son trésorier et, reconnaissant des compagnons d'armes, fait ouvrir sa bourse toute grande.

Non seulement on fait bonne chère, mais il paie

la rançon des dix écuyers et les renvoie à Bordeaux,
avec ordre de l'y attendre. Les malheureux n'étaient
cependant pas au bout de leurs peines: de retour à
Bordeaux, ils livrent leur argent; mais celui qui les
a pris ne peut pas croire qu'ils l'ont trouvé si facilement et il les fait de nouveau mettre aux fers, craignant qu'ils ne l'aient acquis par vol.

Pendant ce temps Bertrand poursuit sa route : il
arrive à Niort où le gouverneur, Jean Chandos, qui
connaît sa valeur, le traite comme un prince royal.
A Poitiers, il reçoit les mêmes honneurs et trouve
une escorte qui, par l'ordre du roi de France, le
suit jusqu'à Paris où il arrive enfin, et est hébergé
par Charles V au palais des Tournelles.

Le monarque voit devant lui non un prisonnier
mais le meilleur capitaine de son royaume.
Bertrand lui rend compte de toute son expédition
et lui exprime le désir de la reprendre. Elle ne peut
manquer aujourd'hui d'être heureuse, car les
Anglais ne sont plus là pour soutenir don Pedre.
Charles se rend au désir de du Guesclin et la campagne est résolue: mais il reste à trouver la rançon
et le chevalier prend le chemin de Pontorson où
l'attend Tiphaine Raguenel, qu'il n'a pas revue
depuis quatre ans.

En quittant la Bretagne pour son premier voyage
d'Espagne, du Guesclin avait mis en réserve une

somme de cent mille francs qu'il avait confiée à la
bonne administration de sa femme : c'est sur ce

Scène de l'auberge. — Bertrand donne l'argent de sa rançon
à ses vieux soldats.

secours qu'il comptait quand il fixait au prince de
Galle une rançon si élevée.

Or il se trouva que Tiphanie aussi généreuse que
son époux avait puisé largement dans ce trésor pour
soulager la misère des soldats revenant de Nava-

retta. Elle prévint donc Bertrand qu'il ne pouvait compter ni sur argent, ni sur les revenus de ses terres de Pontorson et autres, pas plus que sur sa vaisselle et sur ses bijoux à elle-même.

« — J'ai employé tout cela, dit-elle, pour secourir les pauvres gentilshommes qui ont servi sous vos ordres, payant la rançon des uns, les équipages des autres, afin de vous acquérir le plus de braves gens que j'ai pu. »

Au lieu de gronder la noble Tiphaine, du Guesclin la félicita et l'embrassa fort, disant qu'elle avait encore mieux fait qu'elle ne croyait et que c'était bien employer l'argent d'en faire un usage si judicieux, puisque un bon soldat valait mieux qu'un trésor.

Au reste Bertrand trouva des compensations chez ses bons amis de Bretagne : le vicomte de Rohan, le sire de Laval, le sire de Beaumanoir et les barons du pays rivalisèrent de générosité pour fournir au prisonnier du prince de Galles l'argent dont il avait besoin. A lui seul le sire de Laval lui donna quarante mille livres.

Ainsi muni, Bertrand repartit joyeux pour Bordeaux, mais les compagnons de voyage se firent si nombreux ; il rencontra sur sa route tant de prisonniers à rançonner, tant d'hommes à équiper, tant de misère à soulager, qu'en arrivant à la cour du prince de Galles, sa bourse s'était encore épuisée.

En le revoyant le prince le félicita de la hâte qu'il avait mise à accomplir son voyage et de la facilité avec laquelle il avait trouvé l'argent de sa rançon.

« — Il est vrai, Sire, que j'ai trouvé plus d'argent qu'il m'en fallait, dit Bertrand, mais j'ai également trouvé bien vite à en faire l'emploi. J'ai délivré plus de quatre mille braves hommes prisonniers comme moi et aujourd'hui, il ne me reste plus un florin des soixante-dix mille que je vous apportais.

— C'est bien de faire le généreux, reprit le prince, mais il fallait auparavant songer à vous et à la dette que vous avez contractée envers moi. Comment allez-vous maintenant solder votre rançon ?

— Beau Sire, je n'ai pas oublié le chemin de ma prison, et je m'en viens pour la reprendre jusqu'au jour où je vous pourrai payer les soixante-dix mille florins. »

Edouard, qui ne pouvait s'empêcher d'admirer secrètement la magnanimité de Bertrand, n'osa pas lui infliger de nouveau le supplice du cachot : il le garda prisonnier sur parole, lui laissant la liberté d'aller et venir dans Bordeaux. De plus il lui donna abri dans son palais.

Or, la chronique raconte que dès le lendemain de l'arrivée de Bertrand, des messagers inconnus se présentèrent à la cour du prince de Galles et le prièrent d'accepter le prix de la rançon de du Guesclin, qu'ils étaient chargés de solder.

On leur demanda leur nom, mais ils refusèrent de
le révéler : c'étaient sans doute des envoyés du duc
d'Anjou qui, au plus tôt, voulait s'assurer de la
personne de du Guesclin pour la campagne de
Castille.

II

Bertrand était donc libre et maître de sa personne ; il pouvait reprendre les armes et donner
enfin à Henri un appui que celui-ci sollicitait depuis
de longs mois.

Mais si Pierre le Cruel oubliait ses engagements
dans l'enivrement du succès, son rival, le vaincu de
Navarette, ne désespérait pas de sa cause et ne la
considérait pas comme irrémédiablement perdue.
Homme actif et résolu, Henri de Transtamare, sans
se donner de repos, s'était jeté sur les Etats de
Charles le Mauvais et avait ravagé le Bigorre,
dépendance des Anglais.

La fortune sembla répondre à ses désirs : son
arrivée en Castille ne fut pas plus tôt connue que la
plupart de ses anciens partisans s'empressèrent de
venir à lui et d'abandonner un maître dont ils ne
pouvaient supporter le joug tyrannique. Dès le mois

de novembre, Burgos lui ouvrait ses portes et, au commencement de l'année suivante, Salamanque et Léon tombaient en son pouvoir. Bientôt Henri fut maître de toute la partie septentrionale du royaume et Pierre se réfugia dans le sud où il pouvait compter sur l'appui de ses voisins les Maures.

Tolède était le boulevard de sa puissance. Malgré tout, le comte de Transtamare en entreprit le siège, estimant que si cette forteresse était prise, la Castille serait à lui : mais pour une opération de ce genre, ses forces se trouvaient insuffisantes. L'appui de du Guesclin était indispensable, et le chevalier breton restait toujours captif des Anglais.

D'un autre côté, Pierre se sentant abandonné des Castillans, ne rougissait pas d'appeler à son aide les Maures de Grenade et jusqu'aux chefs africains de Tlemcen, compromettant ainsi les intérêts les plus sacrés de la chrétienté. Les Sarrasins qui avaient tremblé naguère à l'approche des grandes compagnies, ne demandaient pas mieux aujourd'hui de défendre l'islamisme, en embrassant la cause d'un prince hostile à l'influence française.

Pierre obtint donc ainsi un secours de trente mille hommes ; il eût pu en compter le double sans posséder pour cela une véritable armée ; car, sauf quelques milliers d'hommes qui savaient leur métier, ces troupes ne se composaient que de pillards n'ayant aucune notion militaire et prêts à s'enfuir au moindre choc. Sitôt qu'elles eurent pénétré en Castille, ces hordes se répandirent dans le royaume, le traitant comme un pays conquis.

Pierre eut mille peines à les ranger en colonnes de marche et à les diriger sur Tolède qu'il voulait débloquer. Son plan était d'attaquer les assiégeants pendant que les assiégés opérant une sortie les prendraient entre deux feux. La situation de Henri de Transtamare devenait donc critique, quand ce prince apprit enfin l'arrivée des colonnes de Bertrand...

Accourant à marches forcées, du Guesclin s'était, en novembre 1368, engagé dans les Pyrénées où il rencontra non seulement les dangers naturels, terribles dans cette saison, mais aussi les attaques et les surprises de l'ennemi.

Charles de Navarre avait dépêché contre lui le vicomte de Castelbon, fort au courant de cette guerre d'escarmouches, qui vient à bout des armées les plus puissantes. Connaissant tous les détours et les moindres défilés de la montagne, les soldats à ses ordres lançaient leurs flèches sur les troupes de du Guesclin, puis disparaissaient par un sentier à pic, pour reparaître bientôt sur une crête de rocher d'où ils précipitaient d'énormes blocs de pierre sur les Français, à demi morts de froid et de fatigue.

Harcelé pendant plusieurs semaines, du Guesclin

cherchait à en finir et à attirer Castelbon dans la plaine ; à force de stratagème, il y parvint enfin et sitôt qu'il eut en face de lui trois mille hommes, il les chargea avec une telle impétuosité qu'il en tua la plus grande partie.

Cette victoire lui ouvrit la porte de l'Espagne et il se mit en mesure de rejoindre les troupes de Henri qui devaient être occupées au siège de Tolède.

Pour mieux cacher sa marche, Bertrand laissa Madrid et la Nouvelle-Castille et s'enfonça dans l'Aragon, évitant ainsi plusieurs rivières qui auraient retardé ses mouvements ; par cette voie il arriva parallèlement à la province de Tolède dont il n'était séparé que par une chaîne de montagnes. Grâce à cet itinéraire, du Guesclin trompa les espions de Pierre qui le crurent égaré et ne purent tenir le roi au courant de son arrivée. Ainsi le capitaine breton opéra sa jonction avec l'armée de Transtamare.

Il n'était que temps. Pierre, avec un acharnement et une persévérance dignes d'une meilleure cause, n'épargnait rien pour se créer des ressources. L'argent lui manquant, il pillait les églises et violait la sépulture de ses ancêtres ; à Séville, il descendit dans l'un des caveaux de l'église et déroba les couronnes d'or d'Alphonse le Sage et de Béatrix.

« — Ils n'ont pas besoin de diadème, dit le tyran

impie, puisqu'ils ont dans le ciel la couronne des saints. »

Pour enrôler de nouvelles troupes, il usait de tous les procédés et parvint à réunir une armée de quarante-cinq mille combattants qui aurait dû écraser celle de son rival si le nombre était toujours le principal gage de succès ; mais ces Africains n'avaient rien de la tactique des armées continentales : de plus, du Guesclin arrivait à temps pour surprendre la marche de don Pèdre et l'empêcher de prendre entre deux feux l'armée de don Henri.

Pour s'assurer au juste des menées de l'ennemi, Bertrand envoie son propre frère Olivier à la découverte. Celui-ci, à la faveur des ténèbres, surprend un détachement de quatre cents Africains et en tue un grand nombre ; puis il revient en hâte prévenir Bertrand de la situation de don Pèdre.

Celui-ci comprend immédiatement le danger qui menace Henri et lui envoie sur l'heure un courrier pour l'informer de l'approche de l'ennemi et lui donner des instructions pour un plan de bataille.

Heureusement averti et encouragé par l'arrivée de son cher chevalier, Henri exécute de point en point ses prescriptions : s'écartant de la ville et en abandonnant le siège momentanément, il se rapproche de l'armée de don Pèdre et le surprend presque à l'improviste.

Celui-ci, toujours intrépide, réussit un instant à

parer l'imprévu de cette attaque, mais bientôt l'arrivée de du Guesclin vient achever de jeter l'alarme dans ses troupes. Il s'en suit une mêlée furieuse dans laquelle don Henri tue de sa propre main l'amiral africain.

Deux fois don Pèdre rallie les siens qui commencent à fuir ; deux fois il est obligé de céder à la force et de donner enfin le signal de la retraite qui est protégée par la cavalerie. Des dix mille Africains qui parurent sur le champ de bataille, à peine cinq cents trouvèrent le salut dans la fuite.

Tel fut le premier effet de l'arrivée de du Guesclin.

III

Cette victoire était une grande force pour le parti de Henri, mais elle ne présentait aucun caractère décisif. Tout le monde sentait que tant que don Pèdre vivrait, la lutte serait toujours à recommencer.

Il fallait donc à tout prix atteindre le tyran fugitif et le prendre mort ou vif. Dans l'exécution de ce plan, du Guesclin, au soir de la bataille, avait mis ses troupes à sa poursuite.

Ce fut en vain : grâce à la vitesse de son cheval,

don Pèdre réussit à passer le Tage et Bertrand dut se contenter de s'emparer de son camp, de ses bagages et de ses vivres. Mais la partie n'était que remise.

Dès le lendemain la poursuite recommença, et, pendant plusieurs semaines, ce fut une guerre d'embuscades ou d'escarmouches où les deux partis se disputèrent l'avantage. Quelques succès relevèrent le courage de don Pèdre qui réussit à lever de nouvelles troupes, grâce à un appel suprême à ses toujours fidèles alliés les Sarrasins.

Plus de trente mille passèrent les mers et vinrent des rivages d'Afrique pour défendre le trône du tyran qui, réunissant l'arrière-ban de son parti, put encore prendre la tête d'une armée de quatre-vingt mille hommes. Soutenu par une force si imposante, il tenta un dernier coup de dé, comptant sur les faveurs de la fortune qui l'avait si bien servi à Navarette.

La bataille de Montiel allait être la revanche du droit. Elle s'engagea le 13 août 1369. Du Guesclin avait divisé ses troupes en cinq corps prêts à combattre sur une seule ligne et à attaquer tous en même temps pour jeter le désordre dans les rangs ennemis.

Par un habile stratagème, le chevalier déploya toutes ses troupes sous les yeux de don Pèdre, renforçant les premiers rangs pour faire paraître son armée plus nombreuse, et plantant de tous côtés des drapeaux multipliés, qui supposaient un grand nombre d'hommes à les défendre.

Ainsi trompé, don Pèdre crut se trouver en face de toute l'armée de son rival, et la gravité de la situation paralysa un instant ses mouvements. On le voyait parcourir les rangs, exhortant ses capitaines et ses soldats et donnant les dernières instructions.

Enfin tout est prêt, le signal est donné, les trompettes retentissent et les premières lignes s'ébranlent. Olivier du Guesclin et le Bègue de Villaine marchent en avant et assaillent les Africains qui forment l'avant-garde de don Pèdre. Ceux-ci sont commandés par un jeune prince que sa valeur a rendu cher à tous les siens : il dirige ses troupes avec entrain et courage, mais les soldats d'Olivier et de le Bègue ont plus d'habitude de la guerre et ils écrasent les Sarrasins.

Le prince maure, pour exciter les siens par son exemple, marche droit à le Bègue et engage avec lui un combat singulier qui rappelle les plus beaux jours de la chevalerie. Tout d'abord le Bègue est déconcerté par le jeu nouveau de son adversaire, mais peu à peu il reprend pied et porte au prince un coup qui va devenir fatal.

Epouvantés, les Africains volent au secours de leur chef et le capitaine breton se voit entouré d'une nuée d'ennemis ; sa situation est des plus critiques quand le fils de le Bègue accourt près de son père et lui fait un rempart de son corps.

Alors le combat reprend avec plus d'acharnement : de part et d'autre on fait des prodiges de valeur et du Guesclin, qui a attendu jusqu'alors, croit le moment venu d'intervenir. Soudain il lance trois mille hommes de troupes fraîches et aguerries contre les Africains ; l'effet de cette attaque est décisif et les Sarrasins tombent par milliers sous des coups si redoublés.

Le prince maure voyant la journée perdue essaye alors de se dégager du combat avec une troupe de braves, et, dans ce but, il se fait protéger par la cavalerie qui lui reste encore, mais du Guesclin déjoue son plan, lui coupe la retraite et massacre tout sans pitié, chef et soldats.

Vainqueur sur ce côté du champ de bataille, Bertrand n'est pas encore sans inquiétude : il n'a accompli que la moitié de sa tâche. A gauche, les bataillons de don Henri et de don Pèdre sont aux prises et l'on ne peut voir encore de quel côté sera l'avantage.

Le tyran, toujours animé de la même haine implacable, entraîne les Juifs, qui forment la majeure partie de ses troupes et les lance avec intrépidité contre les soldats de Henri de Castille. Ceux-ci marchent avec vigueur, mais les voilà qui s'épuisent d'un combat si prolongé et Henri, couvert de sang, a eu déjà deux chevaux tués sous lui, quand il entend enfin les troupes de du Guesclin qui arrivent à son aide.

Il n'en faut pas davantage pour ranimer les forces abattues ; en quelques minutes la bataille change de face. Don Pèdre, obligé de se retourner contre un nouvel ennemi, ne peut plus suffire à cette double attaque. Par milliers les Juifs succombent sous les coups des Bretons et des Castillans réunis.

Le carnage est effroyable ; les fuyards sont arrêtés par la cavalerie et les troupes de réserve qui arrivent avec un élan imprévu donner le coup de grâce à l'armée de don Pèdre.

Celui-ci, voyant que tout est perdu, parvient à se former une escorte de cavaliers et quitte le champ de bataille de toute la vitesse de son coursier.

Le premier, le Bègue de Villaine s'est aperçu de la manœuvre ; il se lance sur les pas du tyran, avec ses hommes, et le suit de si près qu'il le contraint de s'enfermer précipitamment dans le château de Montiel. C'était le salut pour l'instant, mais aussi le gage d'une perte assurée et prochaine.

Ainsi se termina cette journée de Montiel, digne revanche de celle de Navarette ; elle est due tout entière au génie de du Guesclin et forme un de ses plus brillants titres de gloire : un historien moderne l'appelle sa bataille d'Austerlitz.

Elle eut comme épilogue la scène la plus sanglante.

Après avoir laissé sur le champ de bataille plus de cinquante mille hommes, don Pèdre avait donc réussi à s'enfermer dans le château de Montiel : forteresse imprenable mais entièrement dépourvue de vivres.

Le Bègue de Villaine en était informé et après avoir investi la place il attendait plein de confiance, sûr que son prisonnier ne lui échapperait pas.

Au bout de quelques jours en effet, celui-ci, pressé par la famine, est forcé de tenter une sortie : escorté de cinq de ses gens, il profite des ombres de la nuit pour descendre la montagne sur laquelle se trouve le château, et arrive á la muraille d'investissement que gardent les sentinelles de le Bègue, renforcées par les gens de du Guesclin.

Les jours précédents une ouverture a pu être pratiquée sans donner l'éveil et on espère échapper à la vigilance de ces nombreux gardiens ; mais ce silence n'est qu'un piège et don Pèdre n'a pas plutôt mis le pied hors de l'enceinte que le Bègue le saisit par le col et s'assure de sa personne.

Cependant une lame brille dans l'ombre : c'est la dague du tyran qui va frapper le flanc du chevalier, mais heureusement secouru, celui-ci échappe à une mort certaine, pendant que don Pèdre est entraîné dans la tente de le Bègue.

C'en est donc fait, et le cruel despote est tombé au pouvoir d'ennemis qu'il a rendu implacables; sa fin ne peut être que proche. Et cependant n'abandonnant pas encore la partie, voilà qu'il essaie de corrompre à prix d'or son geôlier. Pendant toute sa vie, habitué à trafiquer avec tant d'âmes vénales, il s'étonne encore de trouver de la résistance chez ce loyal Français.

Pour toute réponse, le Bègue de Villaine fait prévenir Henri de Castille qui accourt avec un grand nombre de seigneurs. Le roi n'a pas plus tôt pénétré, dans la tente que don Pèdre, échappant à la vigilance de ses gardiens, saisit une dague et se précipite sur son rival :

« — Traître, dit-il, ma dernière heure est venue, mais avant de mourir j'aurai au moins la consolation de te faire périr de ma propre main. »

Henri n'essaie même pas de se dérober à la lutte, il s'avance sur son adversaire et sous cette tente de Breton, sous le ciel des Espagnes, dans la nuit sombre, éclairée seulement par quelque torche fumeuse, s'engage un duel sanglant entre ces deux compétiteurs.

Ils s'étreignent corps-à-corps et roulent tous deux dans la poussière : don Pèdre va immoler Henri quand un valet du roi s'approche et, renversant le tyran, permet à son maître de se dégager ; saisissant alors sa dague, Henri la plonge jusqu'à la garde dans le flanc de son ennemi.

Telle fut la fin de ce drame lugubre qui jusqu'au dernier instant faillit se montrer fatal au bon droit.

La fin tragique de Pierre le Cruel assurait le triomphe de son rival. Henri reçut la soumission de la Castille entière, y compris Tolède qui seule avait pu résister à ses efforts.

Plus loyal que son frère, le comte de Transtamare sut reconnaître tout ce qu'il devait à son bienfaiteur. Au lendemain de la bataille de Montiel, du Guesclin reçut le titre à jamais glorieux de connétable de Castille avec l'investiture du duché de Molina.

Le nouveau duc, quelque attaché qu'il fût à la fortune du prince qu'il venait de rétablir sur le trône, n'en restait pas moins bon Français, et ayant rempli sa mission en Espagne, il accourut à l'appel de Charles V qui avait besoin de son épée pour défendre la Patrie envahie.

CHAPITRE IX

Du Guesclin sauve la France de l'invasion anglaise.

Charles V prépare la revanche. — Campagne de du Guesclin en Périgord.
Il est nommé Connétable. — Victoire de Pontvalain.

I

Pendant que du Guesclin délivrait le royaume des compagnies blanches, établissait en Espagne l'influence française et nous préparait dans la personne d'Henri de Castille un allié fidèle, Charles V déployait une activité infatigable pour arracher la France au joug de l'Angleterre.

Profitant de quelques années de calme, ce prince qui possédait une âme forte dans un corps débile, s'efforça de réparer les maux causés par ses prédécesseurs et de réorganiser l'armée et les finances. Dès 1369, il crut son œuvre assez avancée pour pouvoir tenter la revanche contre les vainqueurs de Crécy et de Poitiers.

La victoire de Navarette avait marqué le terme des prospérités de l'Angleterre. Le prince de Galles, joué par Pierre de Castille, n'avait jamais pu obtenir du tyran le remboursement des sommes considérables qu'il avait dû avancer pour solder les compagnies à son service : obligé de battre monnaie pour vivre lui et les siens, il eut recours à des expédients qui ne tardèrent pas à compromettre sa cause.

Sans tenir compte des services que les seigneurs d'Aquitaine avaient rendus aux Plantagenets, il établit sur leurs terres un impôt d'un demi-franc par feu, qui devait lui rapporter par an douze cent mille livres. Le Poitou, l'Aunis, la Saintonge et même le Limousin acceptèrent une charge à laquelle ils ne pouvaient se soustraire, mais les seigneurs du Périgord, du Bordelais, de l'Agenais, du Quercy, du Rouergue, de l'Armagnac et de toute la haute Gascogne déclarèrent énergiquement qu'ils refusaient cette taxe.

Charles V les félicita de cette attitude énergique et les seigneurs, se sentant appuyés, prirent la résolution d'en appeler au roi de France, comme suzerain du duché d'Aquitaine. Les seigneurs d'Armagnac, de Périgord et d'Albret se rendirent à Paris et reçurent de Charles V l'accueil le plus flatteur. Celui-ci négocia une alliance entre le comte d'Albret, le plus puissant feudataire de l'Aquitaine, et la sœur de la reine, Isabelle de Bourbon. Cette union qui flattait les Gascons et les préparait au changement de domination, causa un vif déplaisir au prince de Galles qui s'en vengea par des exactions sur les seigneurs aquitains.

Ceux-ci n'en appelèrent qu'avec plus d'ardeur à l'intervention de la France et, après mûre réflexion, Charles V accueillit leur requête. « Le traité de Brétigny avait bien attribué l'Aquitaine en pleine propriété à Edouard III, mais à la condition expresse qu'il renoncerait à la couronne de France. Or huit ans s'étaient écoulés, et il n'avait pas encore signé sa renonciation. Charles était donc en droit de revendiquer son droit féodal de haute juridiction sur le duché. Quand il eut lié à sa cause, par un traité en bonne forme, les seigneurs appelants, qu'il eut donné ses instructions au duc d'Anjou, gouverneur du Languedoc, levé des troupes, mis ses places fortes en état de défense, réuni ses parents et ses plus fidèles serviteurs, gagné d'anciens ennemis comme les Clisson, les Harcourt, les comte de Flandre, le moment lui parut favorable pour tenter l'attaque.

Deux messagers allèrent de sa part sommer le prince de Galles de comparaître devant le parlement de Paris qui devait le juger, lui et les nobles de Gascogne. Ils lui remirent cet acte que nous a conservé l'histoire :

« Charles, par la grâce de Dieu roi de France, à notre neveu le prince de Galles et d'Aquitaine, salut.

« Plusieurs prélats, barons, chevaliers et communes du pays de Gascogne et d'Aquitaine nous ayant mandé divers griefs et molestations qu'ils ont eus à souffrir de votre part, nous vous en témoignons notre étonnement et nous vous recommandons de venir en personne dans notre cité de Paris pour que nous en traitions avec vous devant la chambre des Pairs. »

Peu habitué à un tel message, le vainqueur de Poitiers répondit :

« Nous irons volontiers à Paris puisque le roi de France nous y mande ; mais ce sera le bassinet en tête et en compagnie de soixante mille lances. »

Puis, oubliant la générosité habituelle de son caractère, le prince céda à une pensée de violence et fit emprisonner les envoyés du roi de France. En apprenant cette mesure sévère, le roi d'Angleterre, le vieil Edouard III, essaya d'en neutraliser l'effet par des négociations diplomatiques. Il est vrai qu'elles se sentaient encore de la fierté des Plantagenets : « Que le roi de France, disait-il, répare les attentats des seigneurs de Guyenne, qu'il renonce publiquement à la souveraineté des provinces cédées par le traité de Brétigny et à son tour le roi d'Angleterre fera les renonciations auxquelles on veut l'obliger... »

Pour toute réponse, Charles V, avant de consommer la rupture entre les deux pays, voulut la revêtir de la sanction nationale, et il convoqua un lit de justice qui se tint le 9 mai 1369. En présence du roi, de la reine, du chancelier de France, le cardinal de Beauvais, des archevêques de Reims, de Sens et de Tours et de quinze évêques réunis à Paris ; en présence du duc de Bourgogne, frère du roi, du duc d'Orléans, du comte d'Alençon, du comte d'Etampes, d'un grand nombre de gentils-hommes et des députés des principales villes de France, on donna lecture de la réponse du roi Edouard et on arrêta les conclusions suivantes :

« Le roi ne pouvait refuser justice à ses sujets ; or les Gascons l'avaient toujours été et l'étaient encore. Quant au traité de Brétigny, il avait été arraché à la faiblesse du roi Jean, captif des Anglais et les états généraux du royaume sans l'autorisation desquels les rois ne pouvaient aliéner le domaine de la couronne avaient refusé de l'approuver. Au reste le roi d'Angleterre lui-même ne l'exécutait pas, puisque en dépit de la paix ses troupes continuaient toujours à piller la France. »

Après ces considérations en venaient d'autres encore plus décisives et plus pratiques :

« En ces conjonctures la guerre était juste et nécessaire, le roi d'Angleterre et le prince de Galles étaient déclarés ennemis de la France, le duché de Guienne confisqué et réuni à la couronne. »

C'était la guerre en toutes ses formes et pour en presser l'ouverture, on raconte que Charles osa faire porter sa déclaration au roi Edouard par un valet de ses écuries. Il est vrai que la France avait à faire expier à l'Angleterre bien d'autres ignominies.

N'importe, à l'heure même où cet étrange envoyé arrivait à Londres, les hostilités éclataient dans la vallée de la Somme et Edouard III qui ne comptait pas sur une guerre si prochaine, eut un moment d'effroi.

Le vieux monarque fit appel à toute l'activité de sa jeunesse, il souleva le patriotisme de ses sujets, construisit une flotte, équipa deux armées qu'il envoya l'une à Calais, l'autre en Aquitaine, fit la paix avec l'Ecosse et s'assura l'entrée des ports de Bretagne.

En moins de trois mois Edouard avait mené à bien tous ces préparatifs; il débarquait Robert Knolles à Calais avec quinze cents hommes d'armes et quatre mille brigands qui allaient jeter la dévastation dans tout le centre de la France. Le prince de Galles et Jean Chandos, renforcés par les comtes de Pembrock et de Cambridge, reprenaient toute l'Aquitaine et s'étendaient dans l'Anjou jusqu'à la Loire.

Pour tenir tête à ces forces Charles V avait confié ses armées à ses deux frères: le duc de Berry qui devait envahir l'Aquitaine par le Limousin, et le duc d'Anjou qui devait s'avancer par le Périgord. Ces deux généraux, doués de talents militaires médiocres, n'étaient pas sûrs de mener leur tâche à bonne fin ; de plus, concentrant leurs efforts dans le midi, ils laissaient le nord et le centre sans défense. Comment parer à ce danger imminent et où trouver l'homme capable de diriger la guerre sur trois points à la fois? Seul du Guesclin pouvait sauver le royaume de cet embarras ; aussi le roi envoya en toute hâte des exprès au vainqueur de Montiel.

II

Celui-ci était en train d'arracher son duché de Molina des mains de Pierre d'Aragon qui le lui avait confisqué, quand il reçut le message de Charles V. Aussitôt oubliant ses intérêts privés, il n'entend que la voix de la patrie en péril, et fait ses adieux à Henri. Ce n'est pas sans regrets que le roi de Castille voit s'éloigner le vaillant chevalier :

— « Sire Bertrand, lui dit-il, comment pourrai-je jamais vous rendre le bien que vous m'avez fait ? Je n'oublie pas que mon royaume et toutes mes terres je les tiens de vous, et que sans vous je ne serais qu'un pauvre chevalier. Que le Fils de Dieu vous le rende et sachez que ma personne et mes biens seront partout et toujours à votre service.

— Sire, répond Bertrand, je vous recommande à Jésus, et que par sa miséricorde l'honneur fasse toujours croître votre nom. »

Et sur ce noble souhait, le chevalier breton quitte la terre d'Espagne, témoin de sa bonne comme de sa mauvaise fortune, mais toujours de sa vaillance comme de sa grandeur d'âme. Le vainqueur de Montiel arrive à Toulouse, escorté de ce qui reste encore de toutes ses vieilles troupes qui ont donné sur tant de champs de bataille.

Sur son passage les seigneurs et les chevaliers du Languedoc abandonnent leurs châteaux pour venir se ranger sous sa bannière et quand la petite troupe de du Guesclin rejoint l'armée des ducs d'Anjou et de Berry, elle est reçue avec des cris de joie. C'est en effet le triomphe qu'elle amène.

Capitaines médiocres, les deux frères du roi ont peine en effet à tenir en échec l'armée du prince de Galles ; mais à la vue de du Guesclin les affaires changent de face. En quelques jours on voit se rendre successivement des places comme Moissac, Agen, Tonneins. Telle ville qui jadis avait bravé pendant six mois une armée de cent mille hommes tombe après quatre jours de siège. Partout où les garnisons anglaises ne sont pas assez fortes pour comprimer les habitants, la défection est universelle.

Après avoir traversé victorieusement le Quercy et l'Agenais, Bertrand atteignit les limites du Périgord, situation qui lui permettait de s'opposer à la jonction du prince de Galles et du duc de Lancastre.

Jamais campagne ne fut plus rapide ni plus glorieuse. Il s'empare de tout le pays jusqu'à Sarlat et Montpazier ; seule, la petite place de la Linde lui fait opposition. Le gouverneur, de Badefol, consent à lui vendre la ville et déjà les Français rentrent par une porte quand au même moment, par la porte opposée, pénètrent les Anglais conduits par Thomas Felton et le captal de Buch.

Le captal, aussi surpris que du Guesclin, mais mieux armé, court droit à Badefol, l'étend raide mort d'un coup de hache en disant: « Au moins ce sera ta dernière trahison! », puis à la tête de ses troupes il se précipite sur les Français qui sont obligés de céder pour ne pas être écrasés sous le nombre.

La Linde reste donc aux Anglais, mais Bertrand n'en continue pas moins sa route à travers le Périgord : il fait de Périgueux son quartier général et s'empare de toute la province qu'il remplit du bruit de ses faits d'armes.

Il y avait, à une lieue de Périgueux, raconte Cuvelier, une abbaye dont les moines avaient été peu auparavant chassés par des routiers anglais.

C'était l'abbaye de Chancelade. Dès que du Guesclin l'aperçut, il jura par saint Yves « qu'il ne partirait de là qu'il n'eût l'abbaye, qu'il souperait dedans et remettrait l'abbé et ses moines au cloître. »

Bertrand en effet se rendit à la tour du monastère, appela son héraut et lui dit :

« — Va-t'en partout dans les villages et rassemble mes gens ; dis-leur que je veux assaillir l'abbaye et bouter les Anglais dehors. »

Il fait sonner les trompettes : on court aux armes et avec des échelles on s'élance à l'assaut. Le comte de Périgord amène des engins pour lancer des pierres, mais Bertrand l'arrête en lui disant :

« — Comte, avant que vos engins soient dressés, nous boirons là dedans du vin largement. »

Et là-dessus du Guesclin demande à parlementer avec les Anglais :

« — Capitaine, dit-il à leur chef, vous avez chassé les moines et vous vivez ici en excommunication. Rendez-nous l'abbaye.

— Qui êtes-vous pour parler ainsi ?

— Je suis au roi de France avec toute ma compagnie ; on me nomme sans faute Bertrand du Guesclin.

— La mère de Dieu vous maudisse ! répond le capitaine. Qui vous a envoyé ici ?... Vous avez plus de renommée qu'homme qui ait vie. Mais vous n'aurez pas pour cela l'abbaye.

— Capitaine, dit Bertrand, si je vous prends par force, vous perdrez la vie. »

Sur ce, du Guesclin donne le signal de l'attaque. On remplit les fossés, on dresse les échelles ; « l'un crie, l'autre braye » et tous montent à l'assaut.

Le comte de Périgord qui voit la valeur de Bertrand n'en peut croire ses yeux et il dit au maréchal d'Audrehem :

« — Et quel homme est ceci ? par la Vierge, il n'a pas son pareil au monde. »

Bertrand en effet fait tant et si bien qu'avec ses gens il pénètre en la place, marche droit au capitaine et lui fend la tête d'un coup de hache.

A cette épisode secondaire racontée par les chroniques, il faut joindre le plan d'attaque de Bertrand. Maître de Périgueux, son but était de s'emparer des trois routes qui mettaient cette ville en communication avec Bordeaux, Angoulême et Limoges. Sur la première il occupa Montpont, sur la seconde Brantôme et sur la troisième Saint-Yrieix. De cette façon sa conquête se trouvait assurée de toutes parts : du Guesclin se disposait à rejoindre à Toulouse le duc d'Anjou, pour engager une nouvelle campagne quand il reçut un exprès de Charles V.

III

Le péril devenait de plus en plus pressant et c'était toujours à son vaillant capitaine que le roi de France avait recours.

Pendant que le duc d'Anjou et le duc de Berry guerroyaient en Périgord et en Limousin, Robert Knolles était débarqué à Calais.

En barbare aventurier qu'il était, il avait résolu de piller la France, et s'avançait lentement à travers l'Artois, se heurtant vainement aux places fortes bien munies et bien défendues, mais jetant la terreur dans les campagnes ; il prenait possession des villages, pillait, ravageait tout et menaçait de brûler les maisons dont les habitants ne se rachetaient pas : on suivait ses troupes à la lugubre trace des morts qu'elles laissaient sur la route.

Bientôt, il ne trouva plus rien à ravager ; les paysans se réfugiaient en foule dans les villes, et Knolles n'avait d'autre ressource que d'incendier des maisons vides que leurs habitants avaient abandonnées sans y laisser de vivres.

Par le Vermandois, le terrible aventurier arriva jusqu'en Champagne ; il se disposait à se ruer sur le Berry et le Bourbonnais, mais la présence des seigneurs l'arrêta, et se dirigeant vers l'ouest, il marcha sur Paris.

A cette nouvelle, Charles V envoya à du Guesclin l'ordre de venir en hâte ; malgré tout, les bandes anglaises pillèrent l'Ile-de-France et incendièrent la banlieue de Paris, voulant forcer le roi à livrer bataille. Un de leurs soldats vint même, par bravade, heurter de sa lance les barrières de la porte Saint-Jacques, mais il fut tué par des bourgeois.

De l'hôtel Saint-Paul, résidence ordinaire du roi, on contemplait le triste spectacle de l'incendie. Parmi les seigneurs, beaucoup, en chevaliers batailleurs, voulaient tirer vengeance de tant d'audace ; d'autres, les plus sensés, Clisson en tête, disaient qu'il fallait prendre patience et laisser écouler le torrent.

« — Sire, disait Clisson, vous n'avez que faire d'envoyer vos gens contre ces enragés ; laissez-les se fatiguer eux-mêmes. Ils ne vous mettront pas hors de votre héritage avec toutes ces fumières. »

Il était dur de suivre cet avis ; cependant, Charles, l'homme des sages décisions, eut le courage de s'y conformer ; les portes de Paris ne s'ouvrirent pas. De guerre lasse, les ravageurs, ne trouvant plus rien dans les régions dévastées, durent continuer leur route. Ce fut encore vers l'ouest qu'ils se dirigèrent ; l'Orléanais, puis le Maine et la Bretagne, voilà quel était leur itinéraire. Mais ils comptaient sans du Guesclin, qui accourait avec quinze cents hommes. Il arrivait malheureusement trop tard pour protéger les environs de Paris, mais qu'importe ? Ne pourrait-il rattraper Knolles, le harceler et le réduire ?

La seule nouvelle de l'approche de du Guesclin suffit pour ranimer la confiance. Le peuple de Paris sortit en foule pour le recevoir et on criait de toutes parts dans les rues : Noël ! Noël ! comme à l'arrivée du roi.

Charles V l'attendait au seuil de son palais des Tournelles et il le reçut par ces paroles :

« — La bienvenue à l'invincible Bertrand, dont la valeur va faire cesser tous les maux de la France ! »

La veille il avait réuni les grands officiers de la couronne, les princes du sang, les pairs de France, nombre de gentilshommes et même des notables pris dans la bourgeoisie de Paris ; il leur avait communiqué son dessein d'élever Bertrand à la dignité de connétable. A l'unanimité l'assemblée avait déclaré qu'il était digne de cet honneur.

Le lendemain, 2 octobre 1370, le roi mandait donc du Guesclin devant tout son conseil réuni et le priait d'accepter la charge de connétable de France.

Bertrand récusa d'abord un tel honneur, non qu'en toute simplicité il ne s'en crût pas digne, mais

Du Guesclin reçoit l'épée de Connétable.

parce qu'il se rappelait son origine modeste et craignait la jalousie des grands seigneurs qui au moment critique pouvaient lui marchander l'obéissance.

« — Voici, dit-il au roi, Messeigneurs vos frères, vos neveux et vos cousins, qui auront charge de gens d'armes à la guerre ; comment oserais-je commander sur eux ?

— Messire Bertrand, dit Charles V, tout le monde rend hommage à votre vaillance et je n'ai ni frère, ni neveu, ni comte en mon royaume qui ne soit prêt à vous obéir : au reste s'il en était autrement qu'il sache qu'il aura à supporter le poids de ma colère. Acceptez donc sans crainte l'épée de connétable. »

Du Guesclin, n'ayant d'autres objections à formuler, se rend au désir du roi ; se mettant à deux genoux il reçoit des mains du prince la noble épée de connétable. Puis se relevant, et la tirant du fourreau, il jure qu'il ne l'y remettra qu'après avoir chassé les Anglais du royaume.

En effet quelques jours encore et il va inaugurer son commandement par un éclatant succès.

IV

Si le roi de France ne ménageait pas les honneurs à son hardi capitaine, il était moins prodigue des ressources qui devaient l'aider dans ses opérations militaires. Bertrand, investi de la mission de chasser les Anglais du nord et de l'ouest de la France, ne pouvait compter que sur trois mille soldats et encore le trésor ne saurait lui fournir les sommes nécessaires pour les solder.

Sans hésiter le connétable fait venir de Pontorson les lingots d'or qu'il a rapportés de Castille ; il les vend, il vend ses joyaux, sa vaisselle, il vend jusqu'aux perles de Tiphaine Raguenel ; s'étant ainsi procuré les premières ressources et comptant sur la guerre pour lui fournir le reste, il engage la campagne.

Il prend avec lui quinze cents lances et se dirige sur le Maine que ravagent Robert Knolles et ses bandes : il sait qu'il ne peut l'attaquer en bataille rangée à cause de l'insuffisance de ses ressources, mais il veut le harceler et l'affaiblir, grâce au désordre qui règne dans ces troupes habituées au pillage.

Les circonstances le servent à souhait : Knolles vient de dépasser le Mans avec le gros de ses forces, et derrière lui, à une assez grande distance, se prolonge son arrière-garde sous les ordres de Thomas de Granson. C'est ce corps d'armée que Bertrand se promet d'atteindre.

La saison est pluvieuse et peu favorable pour une expédition : l'ennemi croit que le connétable l'ajourne au printemps et se met peu en peine de son approche. Granson qui rêve de s'illustrer en l'absence de son chef, veut se donner le plaisir de défier du Guesclin et lui envoie son écuyer pour lui offrir la bataille dans la plaine de Pontvalain. Cette provocation n'est qu'une bravade, et Granson n'a fait aucun préparatif pour se rendre à l'endroit indiqué, mais du Guesclin l'accepte malgré tout et s'écrie :

« — Par Dieu ! oui, ces gens-là me verront plus tôt qu'ils ne voudront... et je me propose encore de leur épargner la moitié du chemin ! »

Pendant ce temps, il donne l'ordre de fêter le héraut et de le traiter copieusement : celui-ci, incapable de se tenir sur ses jambes, perd une journée à réparer ses forces pendant que du Guesclin prend toutes ses dispositions.

A l'entrée de la nuit il se met en marche pour arriver au petit jour à Pontvalain où se trouvent campés Grandson et ses quatre mille Anglais. Se réservant l'avant-garde, il prend les hommes les plus résolus avec son frère Olivier, Mauny et Alain de Beaumont.

Le gros de l'armée suit sous les ordres du maréchal d'Audrehem, pendant qu'à l'arrière-garde commande Olivier de Clisson.

On est au milieu de novembre, par une nuit particulièrement sombre : les postes des Anglais sont à dix lieues de là, la pluie tombe à torrents et les che-mins sont défoncés.

Du Guesclin chevauche avec tant d'ardeur que ses gens ne le peuvent suivre : on marche à la déban-dade, par petits groupes, dans un désordre forcé. Enfin après huit heures de marche, le connétable arrive en vue de la plaine de Pontvalain et sous ses yeux s'étale le spectacle d'un ennemi confiant qui ne songe qu'au repos.

Peu à peu du Guesclin est rejoint par les siens et peut ranger en bataille ses troupes fatiguées. Cachées par la lisière d'un bois, elles peuvent se donner une heure d'un repos bien précieux; puis soudain le connétable donne l'ordre de se démas-quer et d'avancer à l'improviste.

Au premier bruit les Anglais croient à l'arrivée de quelques-uns de leurs gens, mais voilà qu'ils reconnaissent bientôt la bannière de Bertrand et la frayeur se répand dans le camp. On court aux armes, mais il est trop tard, du Guesclin disperse déjà les divisions qui veulent se former : en vain Grandson essaie de résister et de rallier les siens autour de l'étendard royal, Bertrand se précipite et enlève lui-même la bannière d'Angleterre.

Cependant le capitaine anglais dont l'impré-voyance est seule cause de ce désastre ne veut pas lui survivre; il se jette au plus fort de la mêlée pour y trouver une mort glorieuse et son exemple anime ses bataillons qui réussissent enfin à se former.

Du Guesclin qui n'a avec lui que cinq cents hommes est obligé de reculer un instant pour attendre l'arrivée du gros de l'armée qui n'a pu encore entrer en lutte; mais bientôt le maréchal d'Audrehem arrive sur le champ de bataille avec Olivier de Clisson et après deux heures d'un combat acharné les Anglais sont obligés de céder.

La prise de Granson achève de jeter le désordre dans leurs rangs : les chefs sont tués ou faits prisonniers, et les troupes finissent par s'enfuir en laissant nombre des leurs sur le terrain. Tout le camp reste au pouvoir des vainqueurs et dans cette seule journée, du Guesclin acquiert assez de richesses pour compenser ses sacrifices personnels et payer les frais de l'expédition.

Les fuyards ont cherché asile dans les forts de l'Anjou : mais Bertrand sans leur laisser de répit se met à leur poursuite ; en quelques jours il délivre ce duché des compagnies anglaises. Leur chef, Robert Knolles, que le désastre de Pontvalain a terrifié, court s'enfermer dans son château de Derval, pendant qu'Olivier de Clisson pourchasse ses bandes qui cherchent à gagner le littoral.

La saison étant trop mauvaise pour poursuivre la campagne, du Guesclin, sur les ordres de Charles V, suspendit les hostilités et se retira à Saumur. Au reste c'était un repos bien gagné; quelques mois avaient suffi pour réduire à l'impuissance tous les efforts de l'Angleterre et anéantir les troupes d'Edouard.

Le connétable se mettait en route pour Paris quand lui arriva un courrier du roi de Castille qui amenait à du Guesclin de la part de son maître deux mulets chargés d'or et de pierreries.

Ces richesses arrivaient à leur heure ; Bertrand s'empressa de les distribuer à ses soldats pour les dédommager des fatigues d'une campagne si rapide mais si laborieuse. C'est ainsi que joignant le désintéressement à la vaillance, le connétable savait se gagner le cœur de ses soldats et les rendait capables de tous les prodiges.

Aussi quand le vainqueur de Pontvalain se dirigea sur Paris, il y fut reçu par une ovation enthousiaste. Le peuple et la cour acclamèrent l'illustre connétable et le roi ne vit pas de distinction plus honorifique à lui décerner que de l'admettre à l'honneur d'être parrain de son fils.

A la fin de la cérémonie, du Guesclin tirant son épée la mit toute nue dans la petite main de l'enfant et lui dit :

« — Monseigneur, je vous donne cette épée et la mets en votre main, priant Dieu qu'il vous donne tel si grand cœur que vous soyez un jour aussi preux et aussi bon chevalier que fut oncques roi de France. »

CHAPITRE X

Conquête du Poitou et de l'Aunis.

Prise de Poitiers. — Prise de La Rochelle. — Bataille de Chizé

I

Du Guesclin n'était pas homme à s'amollir au milieu des délices de la paix et des fêtes : après quelques semaines de séjour à Paris, il reprenait la campagne et de nouveau courait sus aux Anglais. Il s'agissait maintenant de tirer les conséquences de la victoire de Pontvalain.

L'habile capitaine avait le projet de dégager de la domination anglaise, maintenant que. les provinces du nord de la Loire étaient conquises, les petites provinces les plus proches du fleuve, l'Angoumois, l'Aunis, la Saintonge, le Poitou ; on formerait ainsi un tout compact et on écarterait l'ennemi de la Bretagne. Il est vrai que l'Aquitaine n'était pas conquise : mais elle s'était soulevée d'elle-même et soutenait la cause française ; il fallait la laisser quelque temps encore pour courir aux plus faibles, au Poitou, par exemple, dont la population, bien que peu attachée à l'Anglais, ne faisait aucun effort pour secouer le joug étranger.

Le moment, du reste, était propice pour réveiller dans les cœurs le sentiment national : le prince de Galles quittait pour jamais l'Aquitaine, où sa valeur et ses talents personnels lui avaient valu trop longtemps l'obéissance de ses sujets français ; atteint d'une maladie incurable, il ne devait plus rentrer en France ; et bien qu'il eût laissé deux de ses frères à sa place, la domination anglaise reçut de ce départ une rude atteinte.

La conquête du Poitou et des pays avoisinants fut donc résolue et du Guesclin se mit en campagne avec les ducs de Berry, de Bourgogne et de Bourbon. Prévoyant cette attaque, le duc de Lancastre avait réclamé d'Angleterre de nouveaux renforts, et Edouard III avait équipé en conséquence une flotte nombreuse.

Le but du monarque était de s'emparer de la Rochelle, afin de s'assurer un port de débarquement sur cette partie du littoral.

Les Rochelais qui eurent connaissance de ce dessein se promirent d'en entraver l'exécution : ils aimaient la France et maudissaient le traité de Brétigny qui les avait donnés à l'étranger. Tout en passant au pouvoir des Anglais, ils avaient conservé cependant la permission de se gouverner par leurs propres lois et comptaient environ quinze mille citoyens capables de porter les armes quand, envoyé par Edouard III, le comte de Pembrock se présenta devant la Rochelle.

A cette flotte bien équipée, Charles V, grâce à du Guesclin, put en opposer une meilleure encore. L'alliance avec Henri de Transtamare lui permettait de compter sur l'appui de la flotte castillane qui se composait de quarante gros navires, commandés par Boccaneyra. C'étaient des vaisseaux de grand modèle, bien préparés pour l'action et qui permettaient un engagement sérieux.

Pembrock rencontra cet ennemi inattendu qui lui livra un combat auquel il ne put échapper ; en dépit de son courage, il fut battu et fait prisonnier, grâce à l'inertie des Rochelais qui restèrent témoins muets de la bataille et ne firent rien pour venir à son aide.

Cet échec laissait donc les garnisons anglaises abandonnées à elles-mêmes ; aussi, profitant de cette victoire, du Guesclin accéléra sa marche à travers le Poitou et s'avança jusque sous les murs de la capitale de cette province. Poitiers, défendu par les soins du captal de Buch, présentait une résistance trop sérieuse pour tenter un siège : le connétable dont la prudence égalait le courage préféra attendre un moment plus propice et, pour faire diversion, porta ailleurs la fortune de ses armes, mais sans oublier le but de l'expédition.

Il enlève donc Chavigny, Montmorillon et pousse jusqu'à Moncontour où les routiers anglais Cressewell et Hollgrave ont établi des fortifications et creusé des fossés d'une largeur prodigieuse. Mais l'attaque de du Guesclin est encore supérieure à la défense et après six jours de siège la place est obligée de se rendre.

De Moncontour, le connétable s'avance jusqu'à la Châtre où se trouve un nid de brigands dont il rêve depuis longtemps de s'emparer. C'est le château de Sainte-Sévère, d'où les compagnies anglaises répandent la terreur jusque dans la Marche et le Limousin. Il est temps d'ôter ce refuge aux bandits : cet éloignement momentané est un moyen d'augmenter encore la sécurité des habitants de Poitiers.

« Sainte-Sévère, défendue par Guillaume Percy, gentilhomme de haute valeur, résiste énergiquement, raconte M. Debidour. Le captal de Buch, qui brûle de se mesurer une fois de plus avec du Guesclin, marche au secours de la place à la tête de quinze cents hommes. Il approche de Sainte-Sévère. Guillaume Percy le sait. Mais le connétable, au courant de tout, ne l'ignore pas non plus. Aussi va-t-il se hâter de donner un assaut décisif. Un de ses hommes ayant laissé tomber sa hache dans le fossé de la forteresse, descend pour la reprendre. D'autres le suivent. Ils ont alors l'idée de pratiquer une brèche dans la muraille. Du Guesclin lance aussitôt toute l'armée. Le duc de Bourbon était à table :

« — Assez mangé et bu, lui dit-il, vous achèverez là-haut ce soir. »

« Les assaillants escaladent les remparts ; à leur tête est un routier fameux, Alain Taillecol, qui à lui seul fait plus de besogne qu'une compagnie. Mais la garnison se défend si bien que les Français reculent et montrent quelque lassitude. Le connétable fait aussitôt amener plusieurs tonneaux de vin. Ses soldats boivent à longs traits et retournent au combat. Enfin, après plusieurs heures de tuerie, Guillaume Percy et tous les siens se rendent à merci. Le vainqueur fait grâce de la vie à ceux d'entre eux qui peuvent prouver qu'ils sont Anglais. Tous les autres, qui sont Français, sont traités en traîtres et en rebelles, et immédiatement pendus aux arbres du voisinage. L'armée de secours conduite par le captal apprend peu d'instants après le triomphe du connétable. Elle n'ose plus venir lui offrir bataille. »

Mais voilà qu'au moment où elle se retire, du Guesclin reçoit un émissaire venant de Poitiers, qui lui apprend que la ville est pour le moment dégarnie de troupes et que les habitants soulevés demandent à grands cris son secours.

Le connétable se hâte de profiter d'une occasion aussi favorable : sur-le-champ il choisit trois cents chevaliers des plus déterminés, galope sans s'arrêter, sans s'inquiéter des éclopés ni des retardataires, pendant toute une nuit et tout un jour, et, après avoir traversé trente lieues de pays, arrive devant Poitiers.

Les portes de la ville lui sont ouvertes par ceux qui l'ont demandé, mais le château est occupé par les Anglais et avec ses trois cents hommes il ne peut songer à les en déloger. Cependant l'arrivée de du Guesclin a donné tant de courage aux habitants qu'ils sont les premiers à l'engager à commencer l'attaque, lui promettant un concours efficace.

En effet d'eux-mêmes ils courent au château, en comblent les fossés, dressent les échelles et escaladent les murailles. Le connétable ravi d'un si bel élan lance ses hommes et en quelques heures le château est forcé.

Les Poitevins se précipitent sur les Anglais et, pour se venger de tous les maux qu'ils ont eu à souffrir, les massacrent sans pitié. Quand, après deux jours d'absence, les troupes anglaises arrivent, elles sont fort surprises de voir flotter sur les murs la bannière de du Guesclin qu'elles croient encore à trente lieues de là.

Dans leur stupeur, elles ne songent même pas à attaquer la ville qu'elles auraient cependant prise facilement, et elles préfèrent se retirer sur Niort dont elles s'emparèrent le lendemain.

II

Ce dernier succès ne compensait pas les revers consécutifs essuyés sur tous les points par les armées britanniques. De tous côtés les villes ne demandaient qu' « à se tourner françaises, » et l'étranger sentait le pays lui échapper.

Les Anglais venaient d'éprouver une perte irréparable dans la personne de Jean de Grailli, captal de Buch, dont le nom est revenu si fréquemment dans cette histoire et qui se fit prendre devant Soubise. On l'enferma dans la tour de Corbeil où il mourut au bout de cinq ans, expiant ainsi sa déloyauté d'avoir trahi la cause des Valois qui l'avaient comblé de présents.

La défaite du captal répandit la terreur dans le Poitou ; du Guesclin en profita pour brusquer une attaque sur les places du parti anglais : il commença par Saint-Maxent qu'il prit, malgré la résistance sérieuse de la garnison. Puis il s'empara successivement de Melle, d'Aunay et de Saint-Jean d'Angély qui n'offrirent qu'une faible défense. Les bons procédés de du Guesclin déterminèrent également les habitants d'Angoulême et de Saintes à se soumettre, si bien que dans le Poitou et en Saintonge il ne restait plus que deux places à conquérir : Thouars et La Rochelle. Il est vrai que le siège de ces deux villes présentait d'innombrables difficultés.

Le connétable résolut d'abord d'investir la Rochelle, sachant que les habitants se montraient très disposés à servir ses projets. Mais au lieu de marcher directement sur la place pour la forcer il se ménagea des relations avec les chefs de la municipalité rochelaise et les engagea à user de ruse pour se débarrasser des Anglais. Ce moyen réussit au-delà de toute attente.

Le maire, Jean Chandrier, donna un grand dîner et admit au nombre des invités un certain Philippot Mansel, commandant de la place, vaillant guerrier mais si peu lettré qu'il ne savait pas même lire, ignorance qu'on pouvait reprocher à plusieurs braves de cette époque.

Au milieu du festin, lorsque les têtes furent échauffées, le maire se fit remettre un ordre prétendu du roi d'Angleterre, qui prescrivait au commandant de sortir de la place avec la plupart de ses hommes d'armes et d'aller faire une reconnaissance dans le voisinage.

Mansel prit l'ordre supposé, l'examina dans tous les sens, observa surtout le sceau, qu'il reconnut être celui de l'Angleterre et demeura bien persuadé qu'un ordre positif lui était venu de la part de son souverain.

Le lendemain, dès le matin, les soldats anglais furent appelés aux armes, abandonnèrent le fort et sortirent de la ville. A l'instant même, le maire entra dans le fort avec des hommes armés, fit prisonniers Mansel et les quelques hommes d'armes demeurés dans la place, et arbora le drapeau français.

La reddition de la Rochelle fut célébrée à Paris comme un triomphe éclatant. Pour montrer sa gratitude au connétable, Charles V, en plein conseil, entouré des grands dignitaires de la couronne, lui écrivit de sa main en l'appelant « mon cousin ».

Après tant d'exploits, on eût pu considérer la campagne comme terminée, mais du Guesclin ne voulait pas qu'il restât un seul Anglais dans l'Aunis et le Poitou : il se porta donc sur Thouars, le boulevard de l'influence anglaise en cette région.

Cette place, vivement pressée et réduite bientôt aux abois, demanda comme une grande faveur une suspension d'armes, et promit de se rendre si, à la Saint-Michel, elle n'était secourue soit par le roi d'Angleterre en personne, soit par l'un de ses fils ;

confiance qui n'était pas sans fondement, car on annonçait dans toute la province la prochaine arrivée du roi d'Angleterre et du prince de Galles.

Le vieil Edouard III, attristé de lui voir échapper toutes ses possessions françaises, avait résolu de relever lui-même sa fortune et de se rendre en personne dans l'Aquitaine.

Réunissant tous les vaisseaux de l'Angleterre et une armée de vingt-cinq mille hommes, il prit le commandement de ces forces imposantes, ayant pour second le prince de Galles auquel le ciel nébuleux de sa patrie avait rendu un peu de vigueur.

Tout cet armement, qui semblait destiné à détruire la puissance de Charles V, vint échouer contre l'intempérie des saisons. Pendant neuf semaines les tempêtes se succédant sans interruption en détruisirent la majeure partie : des milliers de soldats périrent engloutis dans les flots et le roi d'Angleterre, jugeant la saison trop avancée pour une expédition lointaine et difficile, fut obligé de rentrer dans ses ports et de licencier ses troupes en disant :

« — Jamais on n'a vu un roi de France qui ait pris moins les armes que le roi Charles et cependant jamais souverain ne m'a donné tant à faire. »

En effet, pendant que le vieux monarque rentrait dans ses états, du Guesclin, dès que la Saint-Michel

fut passée, somma la garnison de Thouars d'ouvrir
ses portes et de se rendre. Les partisans des Anglais
différaient encore, assurant que l'armée de Gascogne
arrivait à son secours.

Mais les jours s'écoulaient et rien n'arrivait :
Thouars fut obligé d'ouvrir ses portes et de rentrer
définitivement sous la domination de la France.

III*

Le Poitou était conquis ; cette province était
devenue française et l'influence anglaise s'y trouvait
détruite. Malgré tout, le pays donnait encore asile
aux débris des anciennes bandes du captal, de Lancastre et de Robert Knolles.

Ces différentes troupes s'étaient réunies sous le
commandement de Thomas Hampton et s'étaient
agglomérées autour de Niort, qui restait au pouvoir des Anglais. Ainsi réunie, cette masse com-
pacte pouvait encore offrir une résistance sérieuse,
d'autant plus qu'on était au cœur de l'hiver
et que vraisemblablement la campagne ne pouvait
reprendre qu'avec le printemps.

Les soldats de du Guesclin en pensaient autant,
mais ce n'était pas l'avis de leur chef. Après

quinze jours de repos, le connétable rentrait en campagne et, n'ayant pas à craindre d'être cerné par les Anglais, divisait ses forces en trois corps dont il confiait les deux premiers à Olivier de Clisson et à Alain de Beaumont, avec l'ordre de s'emparer de Lusignan de la Roche-sur-Yon. Quant à lui, avec la troisième division, il restait au centre des opérations.

Thomas Hampton, devinant le piège que du Guesclin lui tendait pour l'amener à disséminer ses forces, préféra concentrer tous ses efforts sur un seul point, pensant bien que s'il infligeait un échec au connétable, il ne lui serait pas difficile de mettre les deux autres corps à la raison. Il se porta donc sur Chizé, petit fort situé au sud de Niort et que défendaient vigoureusement deux chefs de bandes nommés Robert Miton et Martin l'Escot.

Déjà Bertrand avait livré sans succès plusieurs assauts à la place, quand il apprit l'arrivée des troupes anglaises ; aussitôt il fortifia son camp et s'y retrancha derrière des palissades et de larges fossés. Sa situation n'en était pas moins très critique ; il était pris entre l'armée nombreuse de Hampton et la garnison de Chizé dont les sorties l'inquiétaient : il fallait toute sa bravoure et les ressources de ses expédients pour se tirer de ce mauvais pas.

Ayant simulé quelques jours l'inaction la plus

complète, du Guesclin cherche à tromper la confiance de l'adversaire; il endure même ses provocations et ses insultes; puis, quand il le croit dans une fausse sécurité, il partage son armée en deux phalanges serrées, donne au sire de Beaumanoir l'ordre de garder le camp avec trois cents hommes et prépare une sortie.

La hauteur des retranchements empêche les Anglais d'apercevoir ces préparatifs : à un signal convenu, tombent les palissades qui cachent le front des troupes et l'armée française se déploie dans la plaine en un ordre parfait au grand étonnement de l'ennemi.

Le combat s'engage : du Guesclin donne aux siens l'exemple de tant de prodiges de valeur que les Anglais sont refoulés et leur chef fait prisonnier. Un moment l'arrivée de Jean d'Evreux, gouverneur de Niort, rétablit leur fortune bientôt compromise de nouveau par la prise de Chizé. En effet les assiégés croyant le camp français sans défense l'ont envahi, mais le sire de Beaumanoir et ses troupes cachées leur ont fait un tel accueil que presque toute la garnison est prisonnière et la forteresse tombe au pouvoir des Français.

Enhardies par ce succès, les troupes de du Guesclin s'élancent sur la cavalerie de Jean d'Evreux qui est obligé de demander une suspension d'armes ; mais le connétable qui veut en finir avec les Anglais, refuse de leur faire quartier et les provoque à une dernière attaque où tous sont tués ou faits prisonniers. La dernière armée anglaise en Poitou est anéantie, mais pour marquer sa magnanimité, le connétable renvoie à Bordeaux tous les prisonniers sans rançon ; il n'en excepte que Jean d'Evreux, dont la perfidie s'est trop souvent alliée à celle de son frère, le roi de Navarre. Le vaincu dirigé sur Paris va apprendre à Charles V la nouvelle victoire de ses troupes.

Au soir de la bataille de Chizé, la ville de Niort se rendait à la sommation des cavaliers de du Guesclin qui venaient la surprendre à la faveur de la nuit ; le lendemain Lusignan et la Roche-sur-Yon imitaient son exemple et achevaient la complète soumission du Poitou et de l'Aunis.

Jamais campagne n'avait été plus féconde en résultats : contraint par la force, le roi d'Angleterre entreprit des négociations pour la paix et Charles V, dont la sagesse ne se laissait jamais aveugler par la fortune, sut les favoriser. Les hostilités cessèrent donc en Poitou et dans le reste de l'Aquitaine, et Bertrand put rentrer à Paris avec la gloire d'avoir abrogé l'humiliant traité de Brétigny. Une année lui avait suffi pour atteindre ce but.

CHAPITRE XI

Dernières Conquêtes.

Envahissement de la Bretagne. — Invasion du duc de Lancastre.
Conquête de l'Aquitaine.

I

Humilié par le sort des armes, Edouard, le vieil ennemi de la France, ne voulait cependant pas s'avouer vaincu : la victoire qu'un combat loyal lui avait refusée, il la demanda à l'intrigue, mais sans plus de succès.

C'est tout d'abord à son ancien allié Charles le Mauvais qu'il s'adressa : celui-ci accepta la mission de détacher Henri de Transtamare de l'alliance française. Dans ce but il se rendit en Castille et essaya de capter le roi par l'offre séduisante de plusieurs villes de Gascogne ; il en reçut l'intimation d'avoir à quitter la Castille au plus tôt.

Déçu dans cette première tentative, Edouard se tourna vers la Bretagne : là il agissait à coup sûr ; la reconnaissance qui enchaînait le comte de Transtamare à Charles V devait attacher le cœur de Jean de Montfort à l'Angleterre. Toutes les sympathies du

duc le portaient vers le roi qui, après avoir été son
tuteur, était devenu son beau-père et l'avait fait
triompher de son rival à Auray.

De plus, ajoute M. Debidour, Montfort ne pouvait
voir qu'avec peine sa puissance balancée dans son
propre duché par la popularité d'un de ses vassaux
qui, commandant en chef les armées de Charles V,
entraînait et retenait au service de ce prince toute la
noblesse bretonne. Les plus grands seigneurs du
duché s'honoraient d'être les lieutenants de du
Guesclin ; Clisson, jadis l'ami des Anglais, était
devenu son frère d'armes. Les Rohan, les Avaugour, les Beaumanoir, les Retz lui amenaient leurs
hommes et se faisaient gloire de prendre part à ses
campagnes. Les paysans de Bretagne s'enrôlaient
en foule dans ses compagnies. Il n'y avait dans tout
le duché qu'un seul seigneur qui tint encore pour le
roi d'Angleterre : c'était Robert Knolles, châtelain
de Derval.

Jean de Montfort, se sentant isolé au milieu de ses
sujets, prêta une oreille trop complaisante aux propositions d'Edouard et crut affermir son autorité en
acceptant l'alliance de l'Angleterre. Ce qu'il croyait
son salut causa sa perte.

La chevalerie bretonne vit d'un très mauvais œil
ce rapprochement de la politique anglaise ; elle ne
ménagea au duc ni les murmures ni les avertisse-
ments. Mais Montfort n'était pas homme à s'effrayer

des paroles ; il persévéra dans ses desseins et quand il vit ses sujets révoltés contre lui, il appela les Anglais à son aide. Au mois de mars 1373, le comte de Salisbury lui amena quatre mille hommes qui débarquèrent à Saint-Malo, et se dispersèrent dans les différentes places du royaume.

A leur tour, les seigneurs de Bretagne se tournèrent vers Charles V pour lui annoncer la *forfaiture* du duc et le prier de les aider à le faire rentrer dans le devoir. Le roi de France ne demandait pas mieux que d'intervenir en Bretagne et d'occuper cette province. Il chargea donc son connétable qui connaissait le pays mieux que personne, de diriger l'expédition.

Quelques jours lui suffirent pour réunir quatre mille hommes d'armes et dix mille gens de pied ; avec cette armée il pénétra dans le duché. Sous sa bannière marchaient les plus hauts seigneurs de Bretagne : le vicomte de Rohan, les sires de Clisson, de Laval, d'Avaugour, de Beaumont, de Beaumanoir, etc... Beaucoup qui ne s'étaient pas encore prononcés se déclarèrent aussitôt et vinrent grossir les troupes du connétable qui s'avancèrent sans rencontrer aucun obstacle.

Robert Knolles voulut défendre les droits de Montfort ; mais abandonné par tous les seigneurs il dut se retirer dans Brest pendant que du Guesclin recevait la soumission de Rennes, de Vannes, de

Jugon, de Guingamp, de Saint-Mahé et de Saint-Malo.

La place d'Hennebon se promettait d'arrêter ses efforts ; dans ce but, les Anglais unis aux habitants avaient doublé les fortifications. Le connétable, appréhendant pour les autres cités la force de ce mauvais exemple, résolut de s'emparer de la place sur-le-champ et de la traiter sans merci.

Il l'entoure donc de ses trois corps d'armée et, avant d'engager l'attaque, somme les magistrats de se rendre, les assurant que s'ils refusent, il passera tous les habitants au fil de l'épée. Aussitôt les bourgeois effrayés par une aussi terrible menace proposent la capitulation ; en dépit des Anglais, ils baissent les ponts-levis et du Guesclin entre dans ville.

Peu de jours après le connétable assiégea Concarneau, forteresse située sur le bord de la mer, qui en bat les murs dans la haute marée ; quand la marée est basse, la rade est à sec ; du Guesclin choisit ce moment pour faire donner l'assaut. Les Anglais se défendirent si bien que les Français furent plusieurs fois repoussés.

Le connétable en personne se rendit au lieu de l'attaque ; sa présence inspira aux siens une nouvelle ardeur, en sorte que les Anglais, malgré leur belle défense, allaient être forcés, si la marée, étant remontée, n'eût obligé les assiégeants de se retirer pour revenir le lendemain. Mais pendant la nuit les assiégés se déterminèrent à capituler, et dès le point du jour ils envoyèrent un héraut à du Guesclin pour lui offrir de se rendre et lui porter des conditions qui furent acceptées.

Le connétable poursuivit sa marche triomphale en se dirigeant sur Nantes, la ville la plus importante de tout le duché. Il en trouva les portes fermées, mais elles lui furent ouvertes dès qu'il accepta les conditions suivantes établies par les habitants : « Les Français ne seraient reçus que comme gardiens de la ville qui serait rendue au duc aussitôt qu'il serait rentré dans son devoir et se serait montré bon Français. »

De toute la Bretagne il ne restait donc plus à Montfort que la ville de Brest et le château de Derval.

Brest, défendu par Robert Knolles et le comte de Salisbury, paraissait imprenable par terre, et du Guesclin n'était pas en mesure de l'attaquer par mer ; il se rabattit donc sur l'importante forteresse de Derval qui appartenait à Robert Knolles.

Celui-ci, bloqué dans Brest par un lieutenant du connétable, ne pouvait venir défendre son château ; Hugues de Broëc qui y commandait en son absence se vit serré de si près par les assiégeants qu'il crut devoir entrer en pourparlers. Il s'engagea à livrer la forteresse aux Français si, dans un délai de quarante jours, les Anglais ne venaient à son aide. On échangea des otages de part et d'autre, et du Guesclin se retira.

Quand Robert Knolles apprit l'engagement d'Hugues de Broëc, il manœuvra aussitôt pour sortir de Brest et voler à la défense de Derval; pour éloigner les Français, il eut recours aux négociations en usage à cette époque, promettant de leur donner Brest si la ville ne recevait d'Angleterre de nouveaux renforts d'ici un mois.

Libre par ce stratagème, Robert Knolles accourt à Derval, désavoue la convention de son lieutenant qui, selon lui, a outrepassé ses droits et déclare défendre son château envers et contre tous. Quand donc le duc d'Anjou se présente avec du Guesclin pour prendre possession de la forteresse, il est reçu les armes à la main : le duc irrité prévient le perfide qu'il va massacrer les otages de Derval. Rien n'y fait. Les têtes des prisonniers roulent sous les yeux mêmes de Knolles qui, des fenêtres de son château, regarde l'exécution ; il y répond en faisant décapiter sur une table, à la vue des assiégeants, quatre gentilshommes français.

Cette sanglante injure va recevoir vengeance quand un envoyé de Charles V communique à du Guesclin l'ordre de diriger au plus vite ses troupes sur Paris, encore menacé par une nouvelle invasion.

II

C'était toujours Edouard III qui déversait sur la France les inépuisables armées de l'Angleterre. Par la porte de Calais toujours ouverte, le duc de Lancastre, accompagné du duc de Bretagne, amenait quarante mille soldats d'élite avec tout le matériel nécessaire pour une longue campagne.

Il avait jusqu'à des moulins à vent et des fours portatifs. Son dessein était de traverser la France en la pillant de son mieux, pour faire désirer la paix, et d'aller relever la cause britannique en Aquitaine. Il fit en effet d'horribles dégâts en Artois, en Picardie, brûla des villages, détruisit des récoltes, exigea des rançons. Mais il ne put prendre aucune ville, et bientôt il ne trouva même plus rien à piller. Charles V, en prévision de cette chevauchée, avait fait mettre toutes les forteresses en parfait état de défense. Dès que les Anglais eurent pénétré dans le royaume, il ordonna aux populations rurales d'évacuer leurs demeures et de se retirer, avec leurs denrées et leurs bestiaux, dans les enceintes fortifiées. Ses instructions furent presque partout ponctuellement exécutées ; si bien que les ducs de Lancastre et

de Bretagne, en arrivant en Champagne, ne trouvèrent plus que le désert. Comme ils avaient assez de
troupes pour entreprendre des sièges, il fallait les
surveiller de près. C'est pour cela que Charles V
rappela de Derval du Guesclin avec son armée

Celui-ci qui ne pouvait disposer que de dix mille
hommes fut contraint d'accepter un plan de campagne tout particulier. Evitant partout la bataille, il
se mit à suivre l'ennemi, attaquant ses flancs, le
harcelant, détruisant tantôt son avant-garde, tantôt
son arrière-garde.

Les barons et les chevaliers de Charles V, em-
portés par leur bouillant courage, blâmaient ce
système et demandaient qu'on attaquât de front
l'ennemi. Plus habile et mieux instruit par l'expérience, du Guesclin disait au roi :

« — Sire, ceux qui parlent de combattre les
Anglais ne regardent pas le danger auquel ils
s'exposent. Je ne dis pas qu'il ne faut pas les
attaquer, mais il ne faut pas que ce soit à notre
détriment. »

En exécution de ce plan, le connétable s'attache
aux pas de l'ennemi, lui fermant la retraite, l'empê-
chant de s'écarter à droite ou à gauche, couchant et
mangeant dans les villes pendant que l'Anglais
meurt de faim en pleins champs ; l'épuisant par de
continuelles escarmouches, il pousse cette armée
démoralisée vers les provinces du centre. Plus elle

avance, moins elle trouve de vivres et bientôt la marche n'est plus qu'une déroute. En Auvergne le froid ne leur est pas moins funeste que la faim ; ils perdent les deux tiers de leurs chevaux, doivent abandonner leur matériel, leurs bagages, presque tout leur butin.

Quand le duc de Lancastre arrive à Bordeaux, des quarante mille hommes qu'il a débarqués à Calais, il lui en reste à peine six mille et six semaines ont suffi pour anéantir cette armée. On voyait, dit un chroniqueur, de nobles et illustres chevaliers qui avaient de grands biens dans leur pays, se traîner à pied, sans armure, et mendier leur pain de porte en porte, sans en trouver.

Cette année 1373 marque l'apogée de la fortune de du Guesclin ; le Poitou soumis, la Bretagne conquise, la France délivrée d'un des plus grands périls où elle se fut jamais trouvée, les Anglais réduits à l'impuissance, tout cela était l'œuvre du connétable. Grâce à la médiation du Pape, une trêve fut signée qui devait assurer à la France et à l'Angleterre quelques mois de paix.

Du Guesclin la mit à profit pour regagner son château de Pontorson où les ennemis de la patrie lui laissaient si peu de loisirs. Mais pendant qu'il prodiguait sur le champ de bataille son courage et son dévouement, le malheur domestique s'était

abattu sur sa maison. Quand il en franchit le seuil
après une longue absence, il n'y retrouva plus la
compagne fidèle, si jalouse de sa gloire ; Tiphaine
Raguenel était morte en 1372, sans laisser à du
Guesclin aucun héritier de son illustre nom.

Après avoir rendu à la noble femme qu'il avait
associée à sa vie un légitime hommage de regrets,
le connétable, poussé par son roi et ses compagnons d'armes et surtout par l'espoir que le ciel lui
enverrait un fils, conclut une seconde union. C'est
à la famille de Laval, l'une des plus illustres de la
Bretagne, qu'il demanda de s'associer à sa gloire et
Jeanne, fille unique de Jean de Laval, seigneur de
Châtillon, et d'Isabelle, dame de Tinténiac, devint
l'épouse du bon connétable. Le mariage fut célébré
en grande pompe à Rennes ; on était au début de
l'année 1374.

III

Quelques mois après, la trêve était rompue et les
hostilités recommençaient dans la haute Gascogne.
Certains seigneurs d'humeur indépendante, fiers
d'avoir secoué le joug des Anglais, voulaient également s'affranchir de l'autorité de Charles V ; le

monarque chargea son connétable de les faire rentrer dans le devoir.

Celui-ci rassembla donc une armée nombreuse et n'eut pas de peine à intimider les rebelles : successivement les seigneurs du Marsan, de la Chalosse et du Bigorre se soumirent, laissant seul le comte de Foix essayer quelque résistance. Elle ne fut pas de longue durée : assiégé devant Moissac, il promit de se rendre si les Anglais ne venaient prochainement le secourir. A l'époque fixée, le sénéchal de Bordeaux, Thomas Felton, se présenta pour la forme au rendez-vous, mais au moindre prétexte il se retira et le comte de Foix dut rendre hommage et obéissance au roi Charles.

Après cette première expédition, du Guesclin reprit la lutte avec l'Angleterre et pénétra dans le Bordelais, envahissant les cantons qui reconnaissaient encore l'influence du duc de Lancastre. Celui-ci dut assister impuissant à la prise de la Réole, d'Aubenas et de quarante villes ou châteaux dont la plupart se défendirent à peine ; de sorte qu'à la fin de cette campagne il ne restait plus aux Anglais, en Aquitaine, que Bordeaux, Bayonne et quelques petites places.

L'Angleterre était définitivement vaincue, et de plus en plus sollicitait une paix que Charles V voulait différer pour ne rien perdre de tous ses avantages. Enfin elle fut conclue à Bruges en 1375, et dura deux ans pendant lesquels le connétable, serviteur aussi précieux dans la paix que dans la guerre, aida le roi Charles à opérer les réformes les plus utiles dans le royaume et en particulier dans l'armée.

Il prit une part active dans toutes les questions de tenue des troupes, de discipline, de hiérarchie militaire, de campement, de logement dans les villes, et divisa irrévocablement l'armée en troupes royales permanentes et en milices temporaires non soldées.

Pendant que la France puisait dans cette organisation une nouvelle assurance de succès pour les luttes futures, son ennemie, l'Angleterre, voyait pâlir de plus en plus l'éclat de sa fortune. Une mort prématurée conduisait au tombeau le prince Noir, l'heureux vainqueur de Poitiers, qui avait su forcer le respect même des vaincus. Les Anglais pleuraient encore le fils, lorsque le père leur fut ravi. Le vieil Edouard III mourut en 1377, usé par l'âge et par le chagrin que lui causa l'infortune de ses armes ; il laissait le trône à un enfant et à un conseil de régence qui, jaloux de montrer que le crédit de l'Angleterre n'était pas ébranlé par la mort des deux Edouard, annonça aussitôt l'intention de reprendre les hostilités.

Edouard III était mort le 21 juin ; trois jours après, la trêve de Bruges expirait et Charles V, prenant les devants, envoyait ses amiraux brûler les villes de Lewes, Folkestone, Portsmouth et Plymouth, pendant que du Guesclin levait des troupes et préparait une campagne décisive pour arracher aux Anglais leurs dernières possessions d'Aquitaine. Le siège de Bergerac fut un des incidents les plus importants de cette expédition.

Le gouverneur de cette ville était un chef de bande célèbre, nommé Bertucat d'Albret. Il résolut de tenir contre les Français, voire même contre du Guesclin. Au bout de plusieurs semaines de siège, l'armée des assiégeants augmentait sans cesse, d'Albret ne capitulait pas. Pour tenter un dernier coup, du Guesclin eut l'idée d'envoyer chercher à la Réole une de ces machines appelées *truies*, si lourdes que cent hommes pouvaient à peine la manœuvrer, pour lancer sur l'ennemi les pierres dont on la chargeait. La troupe part, et se rencontre, entre la Dordogne et la Garonne, avec quelques compagnies qui y fourrageaient par ordre du connétable.

Fort heureusement, les deux bandes purent réunir leurs forces, car elles furent attaquées par le sénéchal de Bordeaux, Thomas de Felton, mais elles firent merveille et les Anglais furent entièrement défaits. Leur chef et plusieurs seigneurs restèrent aux mains des Français. Ce fut le signal de la capitulation de Bergerac : n'espérant plus de secours, puisque Felton était pris, Bertucat d'Albret se résigna à capituler.

La prise de Blaye, de Saint-Macaire et de Cadillac suivit de près celle de Bergerac ; le résultat de ces conquêtes fut de mettre Bordeaux en demeure de se préparer à devenir Français. En dépit de l'activité et de la bravoure du gouverneur, le sire de l'Estrade, les Anglais n'osaient plus tenir la campagne contre du Guesclin dont le nom seul les terrifiait.

Celui-ci allait achever son projet de libération définitive des provinces méridionales, quand des ordres réitérés le rappelèrent à Paris. Il y revint en triomphateur et acclamé par la reconnaissance publique qui s'attachait à son nom. Mais, ô fragilité des fortunes humaines ! comment se fait-il, ferons-nous remarquer avec un historien, que au moment où le héros semblait au comble de la gloire il se heurta soudain au terme de ses prospérités : l'amertume allait abreuver ses dernières années et hâter la fin de sa noble carrière...

CHAPITRE XII

Nouvelle guerre de Bretagne. — Mort de du Guesclin.

Soulèvement de Bretagne. — Echec de du Guesclin. — Sa Mort.

I.

L'homme le plus sage a peine à résister à l'enivrement de la fortune : Charles V devait en faire la triste expérience. Après avoir augmenté ses Etats de presque toutes les possessions anglaises, après avoir confisqué — non sans motif — les domaines de Charles le Mauvais, son ambition se porta jusque sur la Bretagne qu'il voulut réunir à sa couronne.

Les sujets du prince de Galles et du roi de Navarre s'étaient donnés à lui si volontiers qu'il crut les populations armoricaines, qui détestaient l'Angleterre, disposées à suivre leur exemple. Ce fut une grave erreur, excusable il est vrai chez un prince qui avait tant fait pour la centralisation nationale.

D'après le droit féodal, Jean de Montfort était un félon, un traître : il avait fait alliance avec le roi d'Angleterre, l'ennemi de son suzerain, et lui avait ouvert ses places fortes ; Brest était gardé par les

Anglais. Après la trêve de Bruges, loin de rentrer dans le devoir, il n'avait cessé de créer des embarras au roi de France et de seconder en France les entreprises de l'étranger. Charles V était donc dans son droit en le citant devant la Cour des Pairs, comme accusé de félonie.

Cependant la confiscation du duché, prononcée par la Cour, froissa l'amour-propre national des Bretons : le traité de Guérande avait assuré, à défaut de Montfort et de sa descendance, la possession de la Bretagne à la postérité de Charles de Blois. Malgré l'opinion publique, le roi se mit en demeure d'assurer l'exécution de l'arrêt.

A ce qu'il semble, le roi ne s'attendait à aucune opposition ; dans les calculs de sa politique il avait oublié de faire entrer en ligne de compte les passions et les intérêts de la Bretagne ; il n'avait pas compris que les Bretons, enivrés de leur gloire récente, se regardaient plus que jamais comme un peuple indépendant. Et cependant le moment était mal choisi pour violenter leur humeur ; ils venaient de sauver la France, et à cette époque les guerriers bretons n'avaient par tout le monde ni supérieurs ni égaux.

Lorsqu'on apprit la sentence de mort lancée contre l'indépendance de la Bretagne, un cri d'indignation s'éleva donc de Nantes à Quimper. « Chacun, disent les chroniques, vendit son bœuf et sa vache pour acquérir cheval de guerre, cotte d'acier, dague à l'épreuve, ou maillet ou hache. Chaque seigneur munit son château de salpêtre et de soufre, de canons, d'arcs et d'arbalètes et pensa défendre sa liberté jusqu'à la mort. » Nobles, gens de guerre, aventuriers, tous furent d'accord pour la résistance.

Inquiet des sourdes rumeurs qui venaient jusqu'à lui, Charles V manda à Paris les principaux chevaliers de Bretagne et les somma de le reconnaître comme leur seigneur immédiat. Quelques-uns obéirent, entr'autres du Guesclin et Olivier de Clisson qui avaient tant fait jusque-là pour la politique royale ; mais la répugnance et la tristesse qui se lisaient sur leur visage eussent dû éclairer le roi. D'autant plus qu'à la même heure au centre du duché, quarante autres barons, chevaliers et écuyers signaient un acte d'association pour la défense de l'indépendance bretonne : ils choisirent pour chef de leur confédération, le vieux Beaumanoir, l'ancien maréchal de Charles de Blois.

Le roi qui s'entêtait dans sa résolution crut que cette résistance ne tiendrait pas devant quelques démonstrations militaires ; il intima aussitôt à du Guesclin et à Olivier de Clisson l'ordre de partir pour la Bretagne à la tête de leurs troupes.

II

Avant d'accepter l'ordre de son souverain, Bertrand éprouva plus d'une hésitation douloureuse : un rude combat se livra dans son âme. Que devait-il faire, lui le connétable de Charles V ? Devait-il obéir aux préférences de son cœur ou abandonner la cause du roi qu'il avait servi avec tant de dévouement et de succès ?

L'amour du devoir, l'amour de la France l'emporta : il partit, mais la mort dans l'âme et décidé à remplir un rôle de conciliateur plus que de capitaine conquérant. A la tête de sa compagnie qui se composait de cent lances et de quatre mille archers, il pénétra dans la Bretagne ; l'accueil qu'il reçut ne fut pas pour relever son courage.

Ce n'était plus, dit M. Gabourd, ce concours de peuple qui venait au-devant de lui avec des acclamations de joie et de respect ; il n'entendait plus ces beaux noms de libérateur, de restaurateur de sa patrie ; plus d'invitations de la part des villes et des communautés de les honorer de sa présence ; les soldats n'avaient plus cet empressement de sortir de leurs forteresses pour l'y recevoir et lui rendre obéissance.

Au lieu de tous cés anciens avantages, il voyait tout fuir au bruit de sa marche ; les routes n'étaient plus pour lui que de tristes solitudes ; enfin tout lui représentait la terreur et la haine du peuple. Les villes lui fermaient leurs portes, et, si quelque garnison allait à sa rencontre, c'était pour le charger et le traiter en ennemi ; il avait à combattre les mêmes soldats avec lesquels il avait tant de fois vaincu, pris des villes, gagné des batailles.

Le comble de ses peines, c'est que ses propres soldats et ses hommes d'armes l'abandonnaient pour se ranger du côté de leurs anciens camarades et compatriotes. Le roi, irrité contre la nation bretonne, congédia tous les Bretons qui se trouvaient dans ses troupes et leur ordonna de sortir de son royaume, ainsi qu'à tous ceux du même pays ; il fit en cela une faute inexplicable de la part d'un prince aussi sage, et du Guesclin, se trouvant sans soldats, fut réduit à l'impuissance.

De plus, comme les sentiments se modifient avec les circonstances, le traître Jean de Montfort que les Bretons avaient chassé leur redevint subitement cher ; ils lui écrivirent pour le prier de reparaître en Bretagne, l'assurant qu'il n'y trouverait que des vassaux fidèles prêts à défendre son droit contre le roi et sa puissance.

Le duc, se rappelant que ces mêmes seigneurs l'avaient contraint à s'exiler, hésitait d'abord à se fier à leurs messages. Il exigea des gages : ils lui furent fournis et deux nobles chevaliers vinrent l'assurer de la fidélité de la noblesse, du clergé et des gens « de toutes les bonnes villes de Bretagne. »

Montfort, agréablement surpris d'un retour si inespéré de la fortune, quitta Londres après avoir conclu avec le gouvernement anglais l'alliance la plus étroite ; il se jeta dans une barque, suivi de deux cents hommes d'armes et de deux cents archers, et vint toucher à Saint-Malo.

Excité par la présence de Montfort, l'enthousiasme des Bretons ne connut plus de bornes ; la fortune favorisa tellement les armes de Beaumanoir en paralysant en même temps celles de du Guesclin que le connétable, de plus en plus écœuré d'une campagne qu'il ne voulait et ne pouvait mener à bien, se retira du côté de Pontorson et pria Charles V de négocier une suspension d'armes.

Le monarque, habitué à voir son capitaine exécuter docilement ses ordres et enchaîner la victoire à sa fortune, eut un accès de mauvaise humeur ; il laissa entendre que du Guesclin avait pu subir l'influence de la maison de Laval à laquelle il venait de s'allier... et oublier les intérêts de la France.

Ce premier blâme à l'adresse du chevalier le plus loyal que le royaume ait eu à son service ne pouvait qu'être extrêmement sensible au cœur de Bertrand : soupçonné dans sa fidélité par celui dont il avait fait la fortune, il crut de son devoir de lui

Les ducs d'Anjou et de Bourbon supplient Du Guesclin
de reprendre son épée.

renvoyer l'épée de connétable qu'il lui avait confiée.

Ce fut le tour de Charles V d'être ému ; voyant qu'il avait blessé son plus fidèle sujet, il refusa d'accepter sa démission. Puis on vit arriver au château de Pontorson où l'illustre capitaine s'était retiré, le duc d'Anjou et le duc de Bourbon qui venaient de la part du roi assurer du Guesclin qu'il n'avait ni démérité ni rien perdu de la faveur et de la confiance royales.

« — Beau cousin, lui dit le duc d'Anjou en l'embrassant et en le tenant longtemps serré entre ses bras, le roi veut que vous repreniez l'épée de connétable, que je vous rapporte de sa part ; nous vous en prions, mon cousin de Bourbon et moi, et tout l'Etat vous en sollicite avec nous. »

Du Guesclin remercia les princes de cette démarche qui le touchait profondément, mais il répondit que sa résolution était irrévocable, qu'au reste il ne saurait servir un roi qui pourrait mettre en doute sa fidélité.

Le connétable parlait encore quand on lui annonce l'arrivée d'un envoyé de Charles V qui demande à être introduit en toute hâte. Il apprend que les Anglais viennent de s'emparer de plusieurs villes conquises de l'Aquitaine et ont chassé les garnisons françaises. Le roi fait appel au dévouement de du Guesclin pour reprendre le commandement des armées et sauver la patrie d'un nouveau danger.

« — Eh bien ! s'écrie le duc de Bourbon, refuserez-vous encore de vous rendre aux désirs du roi ?...

— Non, répond pour du Guesclin le duc d'Anjou ;

je suis caution que mon cousin le connétable ne résistera pas à un si beau témoignage de la bonté et de la confiance du roi, surtout dans une conjoncture où il doit voir qu'il est regardé comme un homme nécessaire. »

Vaincu par ce témoignage de haute confiance, du Guesclin cesse d'hésiter, il part pour Paris où Charles lui réserve l'accueil le plus cordial et l'investit de nouvelles fonctions en le nommant gouverneur du Languedoc.

Il avait à remplacer dans ses fonctions le duc d'Anjou, qui, violent et avide, n'avait pas su se faire aimer par ses subordonnés. L'Aquitaine, c'était alors toute la partie de la France située au sud de la Dordogne, c'était plus d'un quart du pays que son titre l'appelait à régir et à pacifier. Jusque-là, les pauvres communes avaient été soumises à mille exactions odieuses, à de lourdes contributions, sous prétexte de réprimer le brigandage et de soutenir la lutte contre l'Anglais. Le duc d'Anjou avait même soulevé, par cette domination oppressive, plusieurs villes de son gouvernement, entre autres Montpellier. Une violente émeute ayant éclaté dans la ville, en octobre 1379, plusieurs officiers du duc furent massacrés. Comme représailles, le frère du roi entra menaçant à Montpellier, en janvier 1380 et parla tout d'abord de faire périr six cents bourgeois ; heureusement, il se contenta de faire perdre à la cité ses privilèges et de lui faire payer une forte amende. Mais le mécontentement gagna toute la province et Charles ne vìt le salut que dans l'éloignement du sévère gouverneur, avec la promesse de mettre en sa place ce Bertrand du Guesclin, si aimé des petites gens dont il s'était toujours déclaré le champion.

III

Au mois de mars 1380, le nouveau gouverneur était à son poste, où la vue des lieux qui avaient été si longtemps le théâtre de ses exploits, dissipa les tristesses des dernières années et lui rendit son ancienne vigueur.

A son approche le calme reparut dans la province ; les Anglais abandonnèrent le pays plat pour se cacher dans les forteresses qui leur restaient sur les rives de la Dordogne et de la Garonne. Seules, des compagnies d'aventuriers anglais et gascons continuèrent à désoler les campagnes dans l'Auvergne et le Gévaudan ; cachées dans ces pays montagneux, elles occupaient des châteaux inexpugnables qui leur servaient d'asiles et de postes d'observation. Du Guesclin se promit donc de diriger contre elles une expédition qui devait être la dernière de sa carrière brillante.

Les hostilités commencèrent le 15 mai 1380, avec l'aide du maréchal de Sancerre et d'Olivier de Clisson. Les compagnies, effrayées, se retranchèrent dans la petite ville de Châteauneuf-de-Randon, située entre Mende et le Puy, et qui possédait une forteresse réputée inexpugnable. Du Guesclin n'en commença pas moins le siège, et, malgré plusieurs assauts inutiles, se promit de le mener à bonne fin.

« — Mes amis, disait-il à ses soldats avec la verve de ses premières années, Dieu le veut, nous aurons la ville, et si le soleil pénètre dans Randon, nous y entrerons aussi. »

Hélas ! les yeux du brave capitaine allaient se fermer à la lumière de ce soleil qui avait éclairé tant de ses exploits. Une maladie, causée par une vie si active et surtout par les chagrins des derniers jours, s'aggrava subitement et bientôt fut déclarée mortelle. En dépit des précautions des siens qui lui cachaient son état, Bertrand devina sa fin prochaine et prit toutes ses dispositions.

Celui qui pendant quarante années avait affronté la mort sur tous les champs de bataille, la vit sans effroi approcher de son lit de souffrances ; et c'est en véritable chrétien qu'il se prépara à ce terrible passage. Il remplit tous ses devoirs religieux, dicta son testament et s'entretint avec ses chevaliers qu'il exhorta à rester fidèles au roi comme au père de la patrie. Puis, plaidant la cause de l'humanité près de ces rudes guerriers du moyen-âge, il leur dit :

« — Souvenez-vous que les gens d'église, les femmes, les enfants, le pauvre peuple, ne sont point vos ennemis, et que vous portez les armes pour les défendre, non pour les opprimer. Je vous l'ai toujours recommandé ; je vous le répète encore, en vous disant un éternel adieu. »

Après ce dernier effort, le capitaine éprouva une douloureuse fatigue ; il s'assoupit un moment, puis demanda son épée de connétable. Rappelant ses dernières forces, il la prit toute nue entre ses mains défaillantes, baisa la croix qui en surmontait le pommeau, puis la considéra longuement comme pour se rappeler tous les jours de gloire où il l'avait maniée.

Après quelques instants de silence, s'adressant au maréchal de Sancerre, il lui dit :

« — Cette brave épée, j'aurais voulu la porter encore ; je regrette en mourant de n'avoir pas chassé tout à fait les Anglais du royaume. Dieu en a réservé la gloire à quelque autre ; c'est peut-être à vous, maréchal ; je le souhaite et vous regarde comme l'homme du royaume qui en soit le plus digne... »

Puis lui remettant son épée, il ajouta :

« — Recevez-la de ma main et remettez-la au roi de ma part en le remerciant de toutes ses bontés

Mort de Bertrand Du Guesclin.

pour moi. Dites-lui que je meurs son serviteur le plus humble de tous. »

Faisant alors approcher tous ses vieux compagnons d'armes, ces vaillants capitaines qui l'avaient suivi sur tous les champs de bataille, il leur serra une dernière fois la main. Un quart d'heure encore il fixa un long regard sur le crucifix qu'il tenait à deux mains, puis il exhala son dernier souffle.

C'était le 13 juillet 1380, à l'heure de midi ; du Guesclin n'avait donc que soixante ans.

Bientôt on n'entendit dans le camp que sanglots et gémissements : chaque soldat croyait avoir perdu son père. Les ennemis eux-mêmes ne lui marchandèrent pas leurs hommages.

En dépit de la maladie du connétable, le siège de Châteauneuf se poursuivait si activement que le gouverneur de la place, le sire de Roos, avait dû entrer en négociations. Il promit de rendre la ville le 12 juillet si, d'ici ce terme, personne ne se présentait pour la secourir.

Le 13, au matin, le maréchal de Sancerre somme le gouverneur de lui remettre les clefs comme il s'y est engagé.

« — C'est à messire du Guesclin que j'ai fait cette promesse, répond l'Anglais ; qu'il vienne lui-même, et je tiendrai ma parole.

— Hélas ! réplique Sancerre avec des larmes dans la voix, le connétable sera privé de ce dernier honneur : il vient d'expirer, nous laissant tous dans la douleur la plus profonde.

— Maréchal, vous avez sujet d'être attristé, car vous venez de perdre le plus vaillant chevalier qui soit au monde et ce n'est pas moi qui insulterai à votre deuil. J'ai promis à du Guesclin de lui rendre les clefs, je tiendrai ma promesse et j'irai les remettre sur son cercueil. »

Quelques heures après, au bruit des fanfares, on voyait descendre des hauteurs de la forteresse, le gouverneur de Châteauneuf-de-Randon suivi de ses principaux officiers.

Il pénètre dans la tente et passant devant les chevaliers bretons qui s'écartent devant lui, il va droit à l'illustre mort, s'agenouille devant le cercueil, et dépose sur l'épée du connétable les clefs de la forteresse.

Scène grandiose qui honore le vainqueur et le vaincu et que rediront à jamais les annales de l'histoire !

Les jours suivants le bruit de la mort du connétable se répandit dans tout le royaume et y causa un deuil universel. Plus que personne, Charles V comprit la perte qu'il venait de faire, et il ne trouva pas de meilleur hommage à rendre à son fidèle capitaine que d'accorder à ses restes l'hospitalité de l'abbaye de Saint-Denis, réservée à la sépulture des rois.

« Charles V, dit Froissart, fit faire à messire Bertrand, des obsèques aussi honorables que s'il eut été son propre fils, et le fit ensépulturer en l'église de Saint-Denis, assez près de sa propre tombe, qu'il avait fait faire de son vivant. »

Du Guesclin n'avait que soixante ans, concluerons-nous avec un historien, il mourait au comble des honneurs et de la gloire. Mais il partait trop tôt pour la France, qu'il eût sans doute entièrement délivrée des brigands et des Anglais, s'il eût vécu quelques années de plus.

Sa mort fut un malheur d'autant plus cruel pour la patrie, qu'elle fut bientôt suivie de celle de Charles V qui expira deux mois après son connétable, laissant le trône à un enfant destiné à porter le triste nom de Charles VI.

En cette main débile, bientôt l'œuvre si considérable mais malheureusement inachevée du prince *Sage* s'ébranla de tous côtés, livrant la France à l'invasion et à la guerre civile. C'en était fait de la patrie française, si Dieu ne lui eût envoyé Jeanne d'Arc !...

Mais le nom de la bonne Lorraine n'a pas fait oublier celui de du Guesclin, le grand connétable qui vengea la France du traité de Brétigny, lui rendit toutes ses provinces et toutes ses villes, sauf Calais et Bordeaux. Les révolutions ont passé, dispersant les restes du vainqueur de Cocherel et de Pontvalain, mais le peuple a gardé pieusement le

souvenir du héros breton. Dans nos départements
de l'ouest, du centre, du sud-ouest, il n'est pas un
village où les enfants ne sachent son nom. Partout
on recherche, on croit saisir les traces de sa gloire,
et dans bien des endroits, lorsqu'on trouve en terre
des amas d'ossements, on dit : Ce sont les soldats
de du Guesclin.

TABLE DES MATIÈRES

Abbeville. — Imprimerie C. Paillart.